お菓子の図書館

キャンディと砂糖菓子の歴史物語

Sweets and Candy:
A Global History

ローラ・メイソン著
Laura Mason

龍和子訳

原書房

目次

第5章　砂糖菓子の製造業者と消費者　131

［……］は翻訳者による注記である。

第1章◉キャンディ、砂糖菓子、それともただのお菓子？

◉甘くておいしいものの名前

イギリス人にはsweet（砂糖菓子）と言えばわかるし、北アメリカではcandy（キャンディ）と言えばよい。国によって呼び名は違っても、キャンディと砂糖菓子はどちらも甘くておいしくて、砂糖で作った独特の食感をもつ小さなお菓子を指す。それは指でつまんで食べ、ふつうは食事とはしない。色とりどりで形もさまざま。口のなかにはずっと甘さが残り、一風変わった味がするものもあって、子供たちはこれが大好きだ。一見たいして重要な食べ物ではないキャンディと砂糖菓子だが何世紀もの歴史をもち、その間には文化や社会におけるとらえ方、また経済における役割も変化した。砂糖菓子に対する思いも異なれば、健康における砂糖の役割についてもさまざまな考えがあった。

キャンディと砂糖菓子の仲間ではチョコレートが圧倒的な存在感を誇り、チョコレートを知らない人はいないほどだが、本書では軽く触れるのみとする。チョコレート自体に長い歴史があって文化的にも大きな意味をもち、また砂糖を使うことは同じでも、チョコレートづくりには独自の技術や用具を必要とするからだ。

「キャンディ」という言葉は、数千年前のインドの単語から派生したものだ。サトウキビを搾《しぼ》ってその汁を精製する技術は、2000年以上前にインドで発展したというのが砂糖の研究者たちの一般的見解だ。そしてこの精製技術とともに生まれたのが、サンスクリット語から派生したサルカラ（sarkara）とカンダ（khanda）という言葉だった。純度は異なるが、どちらも水晶のような固形の砂糖を指したものと思われる。

サルカラとカンダはサトウキビの栽培と精糖技術とともにペルシャを経て西に伝わり、10世紀には地中海東部に達していた。これによってヨーロッパの言語には、たとえばスペイン語の「アスカル・カンデ（azúcar cande）」や英語の「シュガー・キャンディ（sugar-candy）」といった言葉が生まれた。これらは、水晶のような砂糖（氷砂糖）やシュガーローフ［精製砂糖を凝縮した円錐形の大きなかたまり］を表している。そしてヨーロッパからの移民が北アメリカに砂糖を持ち込み、北アメリカの英語では「キャンディ（candy）」が砂糖で作った小さなお菓子を意味する言葉となった。

「sweet（甘い）」という言葉は、キャンディを表現するためのもののようにも思える。キャンディは甘い味がするからだ。とくに「甘い」という言葉とキャンディとの結びつきが強いのが、インド、中東、アングロフォン［英語を主要言語として話す人々や地域］の人々だった。だが「sweet」にはもっと深い意味がある。文化の相違を検証したある作家はこう述べている。

作者不詳『甘い食べ物を供する婦人』（キャンバス［キャラコ］。油彩。1810～30年頃）ペルシャの女性を描いた絵。ペルシャやエジプト、トルコの豊かな宮廷は、砂糖を使った菓子づくりの技術を発展させ継承する重要な場であった。

「sweet」とはなにか？　研究をはじめたころはとても簡単な問題のように思えた。ポケットにしのばせて持ち歩き、食事の時間以外に食べるちょっとした小さな甘いもの。だがこれは現代の、しかも欧米社会の概念でしかない。実際には「sweet」については、国によって考えが異なるのだ。(1)

甘いものを意味する「sweet」という言葉は、甘い食べ物全般を意味した「sweetmeat」の略語として19世紀初頭に生まれた。甘い食べ物を表すこの言葉がときにデザート（dessert）と混同されるようになったのには、次のようないきさつがある。デザートとは、ヨーロッパや北アメリカ、それにヨーロッパの食習慣に影響を受けている地域で出されるいくつもの料理の最後に登場するものだ。このなくてはならないというわけではないがとてもおいしいメニューは、フランス語の「desservir」という語から派生した。「desservir」とは本来、召使いがテーブルをきれいにするあいだに、食事を摂る人たちが部屋を替えてスパイスワインの「digestif」（食後酒）を飲み、ウエハースや砂糖衣でくるんだスパイスをつまむという、中世後期の習慣を意味するものだった。

最初はこうした習慣だったものが、ルネサンス期のイタリアでは「コラツィオーネ」となる。これはテーブルに用意された豪華で高価な山盛りの甘い食べ物で、テーブルには砂糖でできた彫刻も飾られていた。食事の一部でもあり目を楽しませるものでもあるコラツィオーネは、大事な祝いの

アメリカのスーパーマーケットで販売されているロックキャンディ（氷砂糖）。2016年。

席には欠かせないものだった。
この習慣はヨーロッパの宮廷に広まり、イングランドでは果物とワインと甘い食べ物からなる饗宴《きょうえん》が生まれ、16世紀から17世紀にかけてこうした宴が盛んに催された。肩肘はらずに楽しめるこのおいしいもてなしは、専用の小部屋や、庭園に建てられた饗宴用のバンケット・ハウスで出されることが多かった。そしてこうした宴から発展して、甘い食べ物からなるデザートがコース料理に出されるようになった。ペストリー［小麦粉を練って作ったお菓子。パイ、タルトなど］やケーキ、新鮮な果物や砂糖漬けの果物、マカロンやゼリーやマジパン［砂糖と粉末アーモンドを練りあわせたもの］などが供され、そうした甘い食べ物はさらにキャンディで飾られていることも多かった。こうして、あらゆる甘いものが並ぶデザートは、甘いもの全般を意味する「sweet」と混同されることになった。そして「sweet」という言葉は今も、デザートに出すものを示すのに使われる場合がある。

「sweet」は「おいしい」という意味をもつようになり、また「sweet」からは「スイーティー（sweetie）」という甘いお菓子を表す幼児語が生まれた。フランス語でも「おいしい」を意味する「ボン（bon）」から生まれた幼児語の「ボンボン（bonbon）」が甘い糖菓の名となっているし、スペイン語のボムボン（bombon）もポルトガル語のボムボム（bombóm）もそうだ（一方オランダ語で「おいしい」を表す「レッケル（lekker）」には甘いお菓子の意味はない）。甘いものを表す単語は、大人の世界ではときにドラッグやセックス関連のスラングとして使われることもあるが、北アメリカでは今も「ボンボン」はよい意味で使われ、高品質なキャンディのことだ。

「ロリー」とはオーストラリアやニュージーランドの英語でキャンディや砂糖菓子を意味する言葉であり、語源となったのは「舌」を意味する英語の方言だ。イギリス英語では棒付きのキャンディを指す「ロリポップ」となっている。北アメリカではキャンディを「サッカー」と言うが、これも同様に方言がもとになったもののようだ。1862年にヘンリー・ウェザリーがイングランドの方言をまとめ、「イングランド東部では『ロジェット』や『クシー』、北部では『トム・トロット』、『バタースコッチ』、南部では『ハムバグ』、『ロリー』、西部では『サッカー』や『ハードベイク』……」と記しているからだ。(2) 北部イングランドの一部で「スパイス」という名が使われたのは、砂糖が昔はコショウやシナモンといったスパイスとともに、異国からの輸入品だったからだ。

英語の「コンフェクショナリー（confectionery）」という語はキャンディや砂糖菓子、チョコレート、パティセリー（フランス風のケーキやパイ類）などを総称する言葉で、中世ヨーロッパの砂

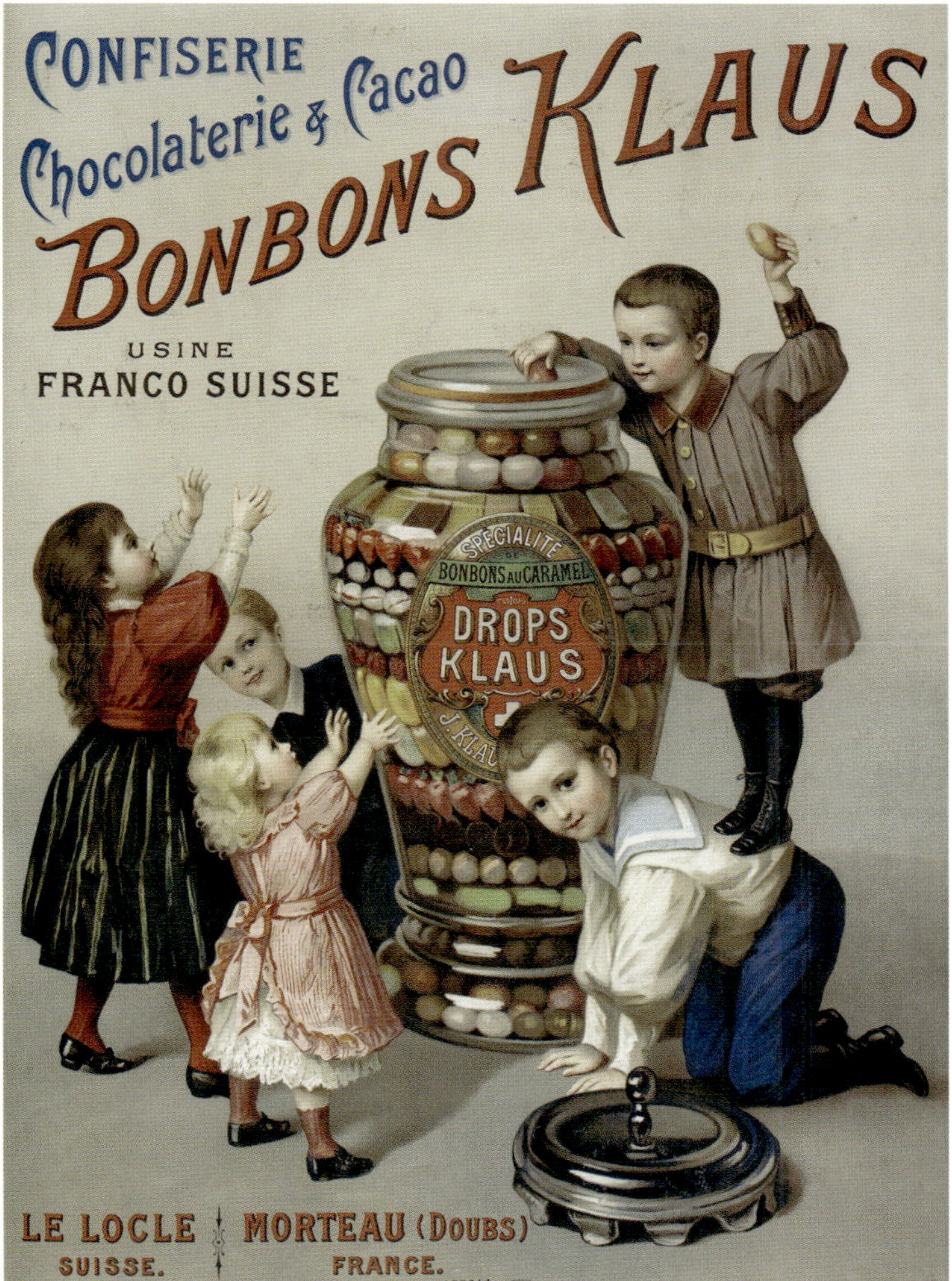

ボンボン・クラウスの広告（リトグラフ。1894年）19世紀後半の菓子広告の典型例。

チャールズ・ウィリアムズ『ダンディー・サン＝シ＝スー』（銅版画。1818年頃）19世紀初頭のイングランドの菓子店の内部を描いたもの。ケーキやゼリーやキャンディ類が陳列されている。

糖に対する見方を反映したものでもある。この時代、砂糖は健康を増進させるものだと考えられていた。ラテン語の「コンフィケーレ（conficere）」は「まとめて」「作る」行為を意味し、これから英語の「コンフェクション（confection）」（お菓子）やそれと関連する言葉や、「コンフィット（comfit）」という古語が生まれた。フランス語の「コンフィズリー（confiserie）」、イタリア語の「コンフェット（confetto）」、ドイツ語の「コンフェクト（Konfekt）」というどれもお菓子を意味する言葉や、スペインで甘いものを売る店「コンフィテリア（confitería）」はすべてラテン語の「コンフィケーレ」を語源としている。

◉薬としての砂糖

本来「コンフェクション（confection）」とは、砂糖を医療に使用することを言った。中世のアラブ世界では砂糖が薬として有益だと見られていたためだ。こうした考えは、熱、湿、冷、乾という抽象的な性質と、多血質、粘液質、憂鬱質《ゆううつ》、胆汁質という人間の4つの気質とを結びつける四体液説に大きな影響を受けていた。

砂糖は「熱」と「湿」に分類され……アラブでは薬の調剤のさいに体液のバランスをとるために用い、「冷」の気質を中和し、また「冷」の気質を温めてより効果を出すために理想的な物質だとみなされていた。(3)

アラブ社会では、性質が異なる問題には異なるタイプの砂糖を用いた。「スッカル・タバルザド・アブヤド」つまり「白い氷砂糖」は膀胱《ぼうこう》や肝臓や脾臓《ひぞう》の病気に、胸の病気には一種の白砂糖である「ファニド」、これも白砂糖のひとつである「スッカル・アブヤド」は消化器系の不調に効くと考えられていた。(4)

ムスリムによる侵攻がこうした考えや砂糖自体をアラブから地中海地域に持ち込み、地中海沿岸の街ヴェネツィアは砂糖の精製加工の中心地となった。「コンフェクショナリー」は中世ヨーロッパにおいては薬剤師があつかうものであり、薬剤師は砂糖でさまざまなものを作る技術も有していた。咳止め「ドロップ」や、「パスティーユ」、「ロゼンジ」、「カシュー」といった甘いお菓子に使われている名がどれも、英語では「トローチ剤」を意味することにその名残がうかがえる。

砂糖は中世ヨーロッパでは非常に高価だった。希少で高価であれば、社会における砂糖の位置づけも高かったはずだ。砂糖は薬ともスパイスとも食べ物ともみなされ、中世の医者は砂糖をさまざまな場に活用した。砂糖は野菜や果物の保存に利用され、薬を飲みやすくし、苦味をやわらげるおいしい味をもつものだ。薬剤師は砂糖を用いて薬を調合し、パトロンたちの体の気質を維持したり正したり、バランスを整えたりした。また香りのよいシロップを作り、蒸溜してお菓子や飲み物を作ることも心得ていた。飴状の砂糖を型に流し入れたりこねてペーストにして彫刻を作ったり、小麦粉と砂糖を混ぜて繊細で美しい品々を作る方法も知っていた。小麦粉を使った甘いビスケット（クッキー）やウエハースやケーキには今も、ヨーロッパでは「コンフェクショナリー」という言葉をあてる。

保存に利用できる性質からは、ドイツ語の「コンディトライ」が生まれた。これは現在ではケーキやデザート類を出すカフェを意味するが、この言葉のもとになった「コンディトール」は本来、砂糖を使って果物などを保存加工する職人のことだった。18世紀までは、ドイツ語圏の社会では「ツッカベッカ」（「精糖業者」の意味）とともにコンディトールがあらゆる甘い食べ物を作っており、この社会に存在する強固なギルド制度［中世ヨーロッパの都市で発展した同業者組合］も菓子類の発

パオロ・アントニオ・バルビエリ『ディスペンサリー』（キャンバス。油彩。1637年）小さな容器に詰めた果物のペーストや、コンフィットや葉の形の金箔を飾ったお菓子をめずらしい形のビンに収め陳列している。

展を後押しした。(5)

◉アジアにおける砂糖

アジアでも砂糖に関連する技術が発展してきており、また、現代の欧米文化よりも砂糖菓子に対して節制的な見方は少ない。「ハルヴァ(halva)」（アラビア語からの音訳で「halwa」「halvah」「helveh」とさまざまにつづる）はたんに「甘いもの」を意味しており、さまざまなものにこの言葉は使われている。南東ヨーロッパの一部地域で作るゴマを使ったお菓子から、豆やニンジンで作るお菓子までいろいろだ。

ありとあらゆる材料で作ったハルヴァがある。小麦粉とセモリナ粉のハルヴァは北アフリカからトルコ、インドにかけて人気があり、これにもさまざまなタイプのものがある……できあがりは多様で、小さく切り分けたり、小山のように盛ったり、ナッツやドライフルーツで美しく飾りたてたりする……(6)

ハルヴァのレシピやハルヴァとされるもの、また甘い食べ物としての分類も社会によって幅があるため、ヨーロッパや北アメリカでキャンディや砂糖菓子と言われるものと同じ場合もあるし、ペストリーやクッキーに近い意味をもつなど、甘いお菓子ならなんでもハルヴァという感さえある。

歴史上、中東ではたとえばオスマン帝国時代のトルコの宮廷などは、役人や廷臣や兵士に、「シェケルジ」(菓子職人)や菓子づくりのスペシャリストである「ヘルヴァサイ」などの職人が仕えていた。ドイツの菓子職人であるフリードリヒ・ウンガーは1830年代にトルコのイスタンブールを訪ね、その地にはお菓子のさまざまな分野で腕を振るう職人がいたことを記している。職人たちはローズウォーターや菓子パン、ウエハース、ケーキ、ゼリー、アーモンドのお菓子やその他さまざまな食べ物を作っていた。(7)

再びアジアに目を戻すと、インドの砂糖菓子の分類はさらにむずかしい。お菓子の種類は多様で、それらが歓迎の儀式や宗教的行為、祝祭や社会生活において大きな意味をもつ。お菓子を意味するものには「ミタイ」(サンスクリット語で甘いものを意味する言葉から派生)、「マドゥル」(サンスクリット語でハチミツの意味)や「ミシュティ」といった言葉があるが、これらが表すものは味も食感もさまざまだ。乾いたもの、カリカリのもの、ファッジ[やわらかくて甘いキャンディ]のよう

インドの町ゴアのヒンズー教寺院で、インド伝統の菓子「ラドゥ」と流し飴で作った鮮やかなピンクの人形を売る男性。1994年。

なもの、しっとりとしてやわらかいもの。ミルクのようなものやジューシーなもの、シロップのようなものもある。欧米の人々はとまどうだろうが、塩味のスナックもこうした言葉に含まれることがある。

こうした菓子類はお菓子以外の食べ物と同様、社会の風習に従って分類されていることが多いが、「乾いて」「固い」お菓子と、「やわらかく」「しっとりとした」お菓子に二分される。とはいえアジアにおける甘い食べ物の材料や使い方、お菓子に対する考え方には、欧米の人々になじみの要素もある。たとえば軽食にしたり、おやつその他、食事以外に食べたりする点だ。また牛乳と豆類を一緒に使うことや、礼拝や「プージャ」［伝統的な祈りの儀式のひとつ］における砂糖菓子の役割は欧米とは異なるものだ。

アジアの甘い食べ物は欧米のキャンディや砂糖菓子とまったく同じというわけではないものの、類似点も多くもつ。とはいえ欧米世界と同じ考え方で分類しようとしてはならない。ファッジやマジパンやブリトル［ナッツを混ぜてつくるキャラメルのような糖菓］に似たものもある一方で、小麦粉とやわらかな無塩チーズのペーストを揚げてシロップに浸したお菓子は、北アメリカやヨーロッパの固くて長持ちするキャンディや砂糖菓子とはまったくの別物だ。インドにおいては、甘い食べ物のとらえ方は長い歴史を経て今にいたるものであり、それが非常に多様であるのは、社会背景や気候や文化的習慣を反映しているからだ。

砂糖はまずインドで広く精製されて使用され、やがてインド亜大陸の食文化に深く根をおろしていった。インドの甘い食べ物のうち多くはその起源が不明だが、資料から、小麦粉とバターと牛乳と砂糖、それにスパイスで作る砂糖菓子の伝統は7世紀から13世紀までの時代に発展したのではないかと思われる。(8) 砂糖菓子の材料にギー［バターから不純物を取り除いた純粋な乳脂肪。澄ましバターのひとつ］や乳製品を使用することにくわえ、インドには複雑なカースト制度があることによって、甘い食べ物はインドの社会では特別な存在となっている。とくにベンガル地方の文化では甘さは重要なものとされ、この地方の言語には甘さにかかわる慣用句が多数ある。そしてヨーロッパの言語と同じく、甘い味は一般に人生における甘美さや喜びを表すものでもある。

◉社会的な位置づけ

このほかの地域でもキャンディと砂糖菓子に対する見方や社会における位置づけはさまざまだ。キャンディと砂糖菓子がないところはない。欧米の菓子製造会社が工場で生産するキャンディと砂糖菓子は世界中で食べられているし、ほぼすべての地域にはお祝いに用いる伝統的な甘い食べ物がある。だが、いくつかの例外はあるものの、中国やアフリカ、ラテン・アメリカの大半の地域では概して、キャンディや砂糖菓子を食べ物のなかでもひとつの確立した分野とする見方がほかの地域ほど発達しているとはいえず、社会のいたるところで食べられているというわけでもない。

スペイン人とポルトガル人は大航海時代［15世紀半ばから17世紀半ばまで、おもにスペイン人とポルトガル人が船でアフリカ、アジア、アメリカ大陸に到達、探検した時代」に、世界の行く先々で甘い食べ物を残していった。ポルトガル人はタイ、中国の一部、マレーシア、インドネシア、ベンガル地方や日本にまで影響をおよぼしたと思われ、彼らが通った道筋にはっきりとポルトガルのお菓子とわかるものを残している。メキシコのお菓子の文化は豊かで興味深く、その一部はスペインによる影響から生まれたものだ。フィリピンもスペインのお菓子の伝統に大きな影響を受けており、さらに20世紀には北アメリカの影響もこれにくわわっている。

日本には「和菓子」という独自の伝統があり、ケーキやクッキー、キャンディに類するものまでさまざまなお菓子を含む和菓子の概念を正確に伝えるのはむずかしい。日本の食文化に詳しいリチャード・ホスキングは、和菓子を「欧米の文化のどれにもあてはまらないものであり、和菓子にはせんべいなど塩味のクラッカーもある」(9)と述べている。和菓子には日本独特の美学があるが、中国の影響も受けて発展したものであり、欧米の手法もどこかに感じられる。和菓子という言葉は比較的新しいものだ。砂糖は日本では紀元7世紀頃には知られていたが、非常に希少で高価な時代が長く、欧米と同じく薬と考えられていた時代もあった。また16世紀にポルトガル人が日本に到来すると、これも日本の甘い食べ物に影響をおよぼしたのである。

中国は甘い食べ物が少ない地域だと言われることが多く、とくに欧米のような砂糖をたっぷり使った菓子はないと思われがちだ。しかし中国人は、砂糖の魅力にまったく興味をもたなかったわけではなかった。中国のお菓子の伝統はおそらく紀元7世紀頃から発展し、この時代に、甘い焼き菓

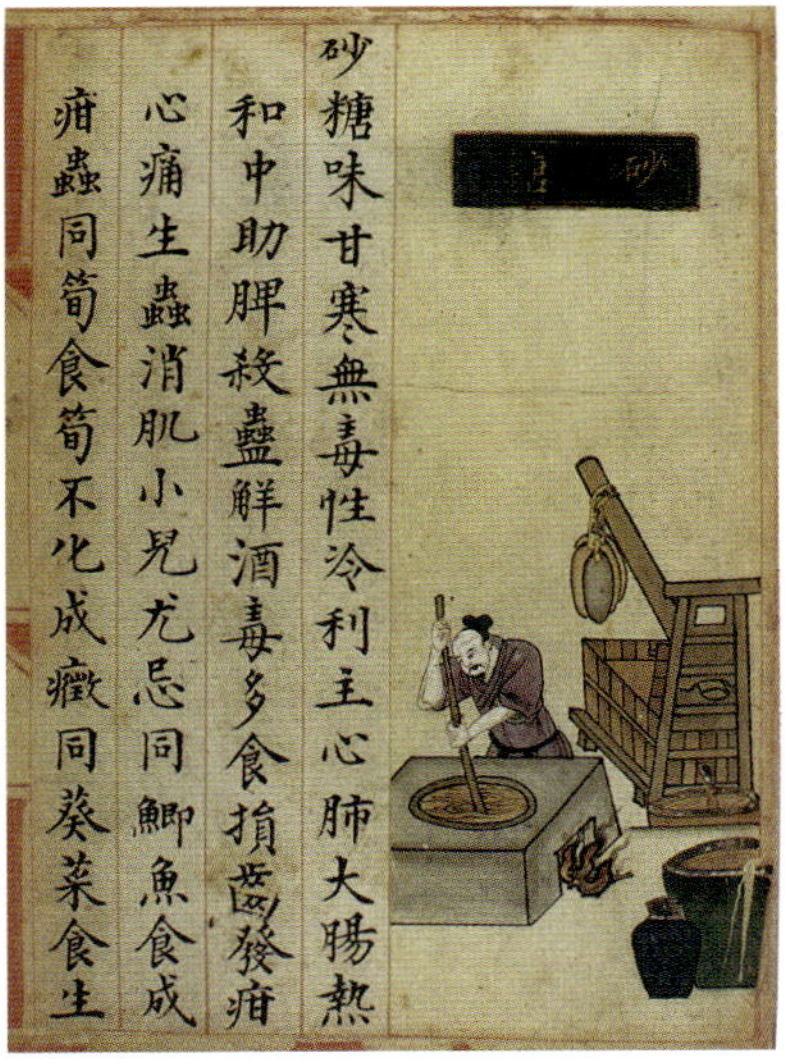

中国、明朝期（1368～1644年）の『食物本草』の挿絵。サトウキビの搾り汁を煮詰めて砂糖を作る男性。背後にはサトウキビの汁を搾る圧搾機が見える。

子を作るときに砂糖がハチミツの代わりに使われるようになった。この当時、砂糖や砂糖で作る食べ物は高貴な人々のみ口にするものであり、その後数百年はその状況は変わらなかった[10]。ほかの地域と同様、砂糖は薬や、食品を保存するもの、風味づけや飾りを作る材料などさまざまな目的で使用された。だが19世紀のヨーロッパや北アメリカのように日常的に摂る食品とはならなかったし、キャンディや砂糖菓子や、その他砂糖で甘くした食べ物は長いあいだ、特別なときに食べるものでしかなかった。

砂糖は栄養的には絶対に必要というものではないが、特定の文化においては、とくに菓子類に使われて魔法のように人を魅了する力をもつものだ。栄養学者や歯科医や社会学者は、とくにアングロフォン文化において砂糖がもつ魅力の理由を解き明かしている。シドニー・W・ミンツは著書『甘さと権力　砂糖が語る近代史』（川北稔、和田光弘訳。平凡社）にお

19世紀後半のアメリカ、〈パルマー〉社のトフィーの広告。この当時、トフィーの製造販売は多数の企業が手がけていた。

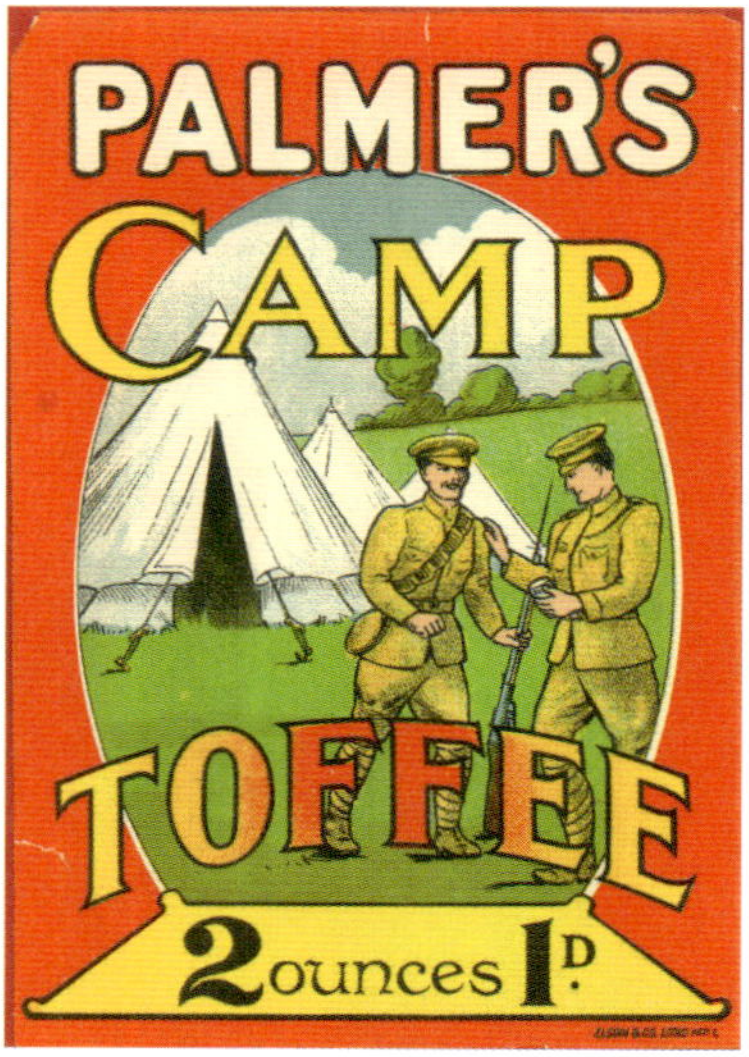

いて、15世紀以降のイギリスの食事における砂糖の役割を検証し、イギリス諸島で砂糖が高く評価されている理由を考察している。その理由とは、甘い味を好むのは人間の本能であること、本来砂糖が贅沢品であったこと、また紅茶やコーヒーなど苦い飲み物に砂糖をくわえたこと、17世紀と18世紀には砂糖が富をもたらすものであったこと、食材や装飾用の材料として砂糖が重宝されたこと、さらに産業革命の時代においては貧しい人々が栄養不足を補うものであったことなどである。

有閑階級の浪費も甘い食べ物を求める社会に影響を与えてきた。財力や地位を誇示するために有閑階級が砂糖をふんだんに使ったことでケーキやペストリーその他の菓子類が発展し、またこうした傾向は砂糖が安価になり菓子類の大量生産が可能になった現代においても続いている[11]。お菓子を買うための子供の小遣いは社会の経済力に左右されるし、甘いお菓子を買うのは多くが女性だとされている。そして19世紀後半以降は広告とマーケティングがお菓子の消費に大きな影響をおよぼしている。だが多くの人は、手軽で安価な楽しみとして買ったり善意や友好の印として分け合ったりして、純粋な楽しみとしてキャンディや砂糖菓子を味わっている。

◉甘いもの＝おいしいもの＝善

「甘いもの」を考えるとき、甘い味とはおいしいものだという思いがその根底にある。おいしいことはよいことであり、もっとおおまかに言えば甘さとは善だ。健康に関する研究者は世間の人々にあまりキャンディや砂糖菓子やチョコレートバーを食べないよう指導しているが、甘さをよいこととする考え方がある程度は変化したとしても、これに類した考えがあるうちはなかなか思うような結果はでない。さらに砂糖はソフトドリンクやアイスやケーキを通じて摂取されるし、厖大《ぼうだい》な種類の加工食品に使用されている（またコーンシロップやブドウ糖果糖液糖、ブドウ糖、カラメルなど砂糖以外の形態でも糖分は使用されている）。砂糖自体は保存が効く食品だが、歯の寿命は縮める。甘さは魅力的ではあるが、甘味が強すぎると閉口する。そして砂糖の歴史の裏には醜悪な奴隷制度がある。何百万人というアフリカの人々が無理やり西インド諸島のサトウキビプランテーションへと連れていかれ、その地の劣悪な環境下で働かされた。すべてはヨーロッパと北アメリカで増加する砂糖の需要を満たすためだった。

一口にお菓子と言ってもさまざまなものがある。キャンディ、砂糖菓子、果物の砂糖漬け、ボンボン［果汁、酒、ナッツなどを糖衣でくるみ固めたもの］。名はどうであれこうしたお菓子はいたるところにあり、たっぷりと砂糖を使い、それがこうしたお菓子のもつ大きな魅力のひとつでもあるのだろう。口に入ればすぐになくなるが、保存が効く。美しさや希少さを称えられることもあり、特別な行事に用いることもある。持ち運びができ、贈り物に最適だ。砂糖を使ってなにかを作る作業は技術を要し、贅沢な材料を使用する。そして砂糖は果物やナッツ類の保存や風味づけに使われる。本来砂糖がもっていた重要性が失われてから久しいが、それでもなお、砂糖はさまざまなアイデアや、野心や熱意が生まれるもととなっている。

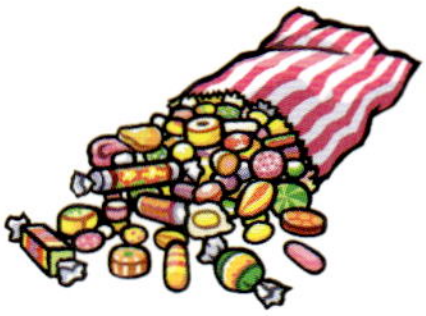

第2章◉砂糖の魔法

◉砂糖を変身させるには

伝統的な菓子店に並ぶ輝かんばかりの透明なキャンディと砂糖菓子は砂糖を煮詰めて作ったもので、この技法からは、非常に美しく人の目を引きつけるお菓子や、懐かしい気持ちにとらわれるお菓子が生まれる。砂糖を煮詰める技術がもっとも熱心に開発されたのは西ヨーロッパと北アメリカだが、この地域にかぎらず、砂糖を使う社会であればこうした技術の知識をある程度は有している。菓子職人が使う「ボイルド・グッズ（boiled goods、砂糖を煮詰めた菓子）」とは、「ドロップ、氷砂糖、キャンディ、トフィー、キャラメル、クリームなど……」幅広い砂糖菓子を含む言葉だ[1]。

ところで、なぜハチミツは菓子づくりに使われないのか疑問に思う人もいるだろう。16世紀のヨーロッパでは、ハチミツの不純物を取り除いて煮詰め、いく種類かの料理に使っていたことをミシェル・ド・ノストラダムスが記録している。この伝統は失われたものの、ハチミツを使ったお菓子は19世紀のトルコに残っていた。しかしハチミツは香りが強く採れる量もかぎりがあり、また砂糖とは成分も異なる。砂糖のほうが使いやすく、安価で量も豊富なのだ。

ディブ（煮詰めたナツメヤシの果汁）やペクメズ（煮詰めたブドウ果汁）など、中東では果汁も甘い味つけに使用されているが、高価で果物の香りが強く、何にでも使えるというわけではない。インドではグル（ナツメヤシの茎からとった砂糖）を使う。色はさまざまで、スモーキーで酸っぱく苦い風味をもつグルは風味づけによく使われる。大麦の若芽から作る麦芽糖は何千年ものあいだ中国で使用されてきた。北アメリカのメープル（カエデ）の樹液には独特の風味があるが、これから作ったシロップやキャンディは値が張る。

一部精製した砂糖や精製過程でできる副産物は用途がかぎられ、風味づけに使われることが多い。ジャガリー（一部の地域でサトウキビから作るブラウンシュガー）を使っているのはインドだ。イギリスと北アメリカでは純度の異なる糖蜜［精糖工程でできる副産物で、糖を多く含む残液］やゴールデンシロップ［糖蜜から作るシロップ］を使うお菓子がいくつかあり、糖蜜は独特の風味や食感をもち、また安価なキャンディに糖蜜が大量に使われていた時代を懐かしく思い出させてもくれる。

砂糖はお菓子づくりには欠かせない。比較的あつかいやすく、中世後期のヴェネツィアで求められたように真っ白に精製することが可能だった。アラブ世界から北西ヨーロッパへと砂糖と砂糖を使う技術が伝播《でんぱ》するさい、重要な中継地となったのがヴェネツィアだ。砂糖は当初はスパイスや薬に分類されていた。甘い味をつけたり食品を保存したりする性質をもっていたために砂糖は薬剤師があつかうものとされ、薬剤師は砂糖の精製と販売に密接にかかわっていた。ヴェネツィアが地中海の島々、なかでもキプロスに置いたサトウキビのプランテーションは厖大《ぼうだい》な富を生んだ。そして

ジャガリー（粗いブラウンシュガー）づくり。インド西部の都市プネー。ジャガリーの塊が砂糖菓子の祖と思われるが、繊細な菓子づくりに適した白砂糖にするにはさらに精製する必要がある。

貴族階級による消費文化があるイタリアはサトウキビの栽培を支援し、そこで生産された砂糖の買い手となった。16世紀のヴェネツィアには大勢の薬剤師がおり、また価格規制を行なうギルドの制約もあったことから取り扱う砂糖の他との差別化を行なう必要が生じた。こうした背景から、今にいたるまでヨーロッパと北アメリカの菓子職人は新しい菓子づくりにこだわり続けているのだろう。

砂糖を煮詰める作業では、煮詰めているときのシロップの状態ごとに「段階」があり、これを見極めることが重要だ。これが成文化されるまでには数世紀を要した。煮詰める前に、まず砂糖から不純物を取り除く必要がある。砂糖を水に溶かして卵の白身をくわえたらこれを熱する。すると卵白と不純物が固まったものが浮いてくるので、これを取り除くと透明のシロップが残る。

このような手順のため、過去のレシピはまずシロップづくりからはじまる。これは砂糖と水の分量だけが書かれた現代のレシピと違う点だ。さらに昔の用語が使われているために、作り方は理解しづらいものになっている。

17世紀の英語の本には「キャンディの大きさ」、「砂糖を煮詰めて再結晶化する」、「マヌス・クリスティの大きさ」といった表現があり、とくに「マヌス・クリスティ」はわかりづらい。これは時代によって、金箔を混ぜた小さな砂糖片であったり、バラやスミレの香りのコーディアル［ハーブなどをアルコールに漬けた強壮薬］だったりしたからだ。

18世紀初期になると、砂糖を煮詰める作業はそれ以前よりも明確に解説され、シロップの状態もはっきりわかるように表現されている。たとえば、「真珠のような泡が立つか、穴あき杓子《しゃくし》で混ぜると羽根のような糸を引く」と書かれているのだ。初期のシロップづくりの手順は、フランスではラ・ヴァレンヌ（１６６１年）が、またイギリスではジョン・ノットが著書の『料理と菓子づくりの事典 *The Cooks and Confectioners Dictionary*』（１７２３年）に書いている。ジョセフ・ジリエは『フランスのカナメリスト *Le Cannameliste français*』（１７５１年）で各段階のシロップの詳細な様子と、その確認方法を解説している。さまざまだった用語や手順は、しだいに現在一般的なものへとまとめられていった。この当時に書かれたシロップづくりの各段階の名称と温度は次のとおりだ。(2)

スレッド［少し冷めると糸を引く］：１０２〜１１３℃
ソフトボール［冷水にたらすと粒状に固まる］：１１３〜１１６℃
ハードボール［冷水にたらすと固い球状になる］：１２１〜１３０℃
クラック（またはソフトクラック）［少し冷めると長く糸を引き、ややもろい］：１３２〜１４３℃
ハードクラック［冷めるともろくて割れやすい］：１４９〜１５４℃

ハードクラックはカラメルと呼ばれた時代もあるが、現代ではここに挙げた温度よりも数度高く、化学変化を起こして茶色に色づきはじめるものをカラメルという。昔はこの状態のものは使えない

ヤン・ルイケン『砂糖を抱える人』（銅版画。1694年）精糖業者か旅の途中の菓子職人かは不明だが、精製した砂糖の包みを運んでいる。

砂糖だと考えられていた。再使用できなかったからだろう。砂糖は、２０５℃まで熱すると焦げてしまう。

水温計や温度計や工業用機械が発明されて、19世紀半ば以降は安くて純度が高く、工業生産された砂糖が手に入るようになり、砂糖を煮詰める作業は工場で行なうものとなった。また科学の発展によって砂糖の詳細も明らかになり、菓子職人が行なう作業を科学的に解説することができるようになった。一般的な白砂糖である蔗糖《しょとう》（スクロース）の分子は、果糖（フラクトース）とブドウ糖（グルコース）という、より小さな糖の分子が1個ずつ結合したものだ。固形の白砂糖を水に溶かすと果糖とブドウ糖をつなぐ鎖が壊れ、結合前の状態になって透明のシロップとなる。煮詰める作業は、砂糖の結晶をすべて溶かしてからでなければならない。シロップ中に砂糖の結晶が残っているとこれが核（種結晶）になって、煮詰めているあいだに再結晶することもあるからだ。シロップの水分は沸点（１００℃）で蒸発をはじめ、そのまま煮詰めるとシロップが濃縮され、過飽和状態になる（高温にすることで、室温にあるときよりも水溶液に多くの砂糖を含む状態）。１００℃をわずかに超えたところでは薄くさらさらとしたシロップは、さらに高温になって残った水分がわずかになると、濃く、粘性のあるものになる。

ゆっくりと冷ましてシロップをかき混ぜると、果糖とブドウ糖は再結晶して蔗糖となる。攪拌《かくはん》することで糖分子が衝突して種結晶ができ、それに分子がくっついて結晶ができるのだ。煮詰めたシロップを急速に冷ましたものは果糖とブドウ糖の分離が続いた状態で、室温では透明でガラスのよ

ロンドンのウッド・グリーンにある〈バラッツ・コンフェクショナリー・ワークス〉の工場で大釜の砂糖シロップをかき混ぜるふたりの男性職人（1946年）

うな砂糖の塊となる。煮詰める温度を100〜150℃とし、果糖とブドウ糖の分離と蔗糖の再結晶化を作り出すのが砂糖を煮詰める職人の技術の基本だ。

果糖とブドウ糖の分離や結合を調節することも必要とされる。菓子職人が砂糖の化学的性質に影響を与える材料をくわえるのである。酒石酸《しゅせきさん》をはじめとする酸や、糖蜜、ゴールデンシロップ、黒い糖蜜（ブラックトリークル）やハチミツなどは、砂糖シロップ中の糖分子の動きを邪魔して、完全に再結晶化するのを妨げる。19世紀に開発されたコーン（グルコース）シロップとブドウ糖果糖液糖（高フラクトース・コーンシロップ。酵素をくわえてブドウ糖を果糖に変えるという工程を経たもので、20世紀半ばに生まれた）はどちらもこうした働きがあり、お菓子の工業生産には欠かせない。こうした材料を「ドクター」と呼ぶ菓子職人も多く、今では再結晶化の阻害剤として使用されている。一部のお菓子には、乳製品や脂肪やオイルなどが結晶化を阻害するものとして使われている。

◉ロックキャンディ

大きく透明な結晶がきらきらと輝くロックキャンディ（氷砂糖）はもっとも基本的なお菓子であり、少なくとも1000年の歴史をもつ。中世のアラブの書物には氷砂糖についての記述があり、「カンド」または「スッカル・ナバト」と呼ばれ、棒状だった。(3) 中国にも氷砂糖はあり、ヨーロッパでも16世紀には広く知られていた。シロップの入った容器に棒や糸を入れ、温度が高くなりすぎないよう注意して、一定の温度で1週間ほど温め続けると棒や糸に砂糖の結晶がつく。容器から棒や糸を取り出し乾燥させれば氷砂糖の完成だ。この方法は氷砂糖以外にも、砂糖漬けにした甘いお菓子を作るときにも使えた。

19世紀後半にはこの工程はヨーロッパや北アメリカで広く使われており、これでフォンダン「やわらかなキャンディ」やフルーツゼリーの表面に照りを与え、また中身を湿気から守った。ロックキャンディは今も、49℃の温かい部屋に40時間置いて生産されている。1950年代までこの工程はある種魔法のようなものとして使われ続け、ある北アメリカの菓子生産業者の手引書には、ロックキャンディが売れ残ったら再度溶かして「氷砂糖シロップ」として販売できると書かれている。(4)

ゲオルク・フレーゲル『パンと甘いお菓子のある静物画』（油彩。17世紀前半）コンフィットを盛った鉢と砂糖衣をかけた梨、それにハート形の菓子が見える。

アフガニスタンでは古くから新年の祝いに用いられたかと思うと、都会の最新のカフェバーではコーヒーを攪拌するマドラー替わりとなり、今でも大きな存在感をもつ。「甘さの力の証……あらゆる甘味のなかでもっともシンプルな甘さであり、北ヨーロッパに持ち込まれてから900年以上も人気を維持している」(5)。

◉型を使ったキャンディ

氷砂糖のような大きな結晶ではなく、(シュガーローフの砂糖のような)微細な砂糖の結晶が集まってできているキャンディは、かわいくおもしろい形の型に砂糖シロップを注いで作る。何世紀にもわたって用いられているこの方法は、19世紀後半にE・スクースによって、現代にも使われている用語で記されている。そこでは型に流して作る小さく奇抜なキャンディの作り方を解説しており、結晶化の様子も書かれている。

十分な量の砂糖を煮詰めて……約120℃でシロップがボールの段階になるまで熱する。火から降ろしたら煮詰めた砂糖を鍋肌に押しつけるようにして、白く粘りが出るまで練る。それをすべてかき集めて型に入れる……(6)。

11月初めの万聖節のために作られた「プピ・ディ・チェーナ」の石膏型の片面。イタリア、シチリア島。

型を使った流し飴《あめ》の技法で作る砂糖菓子は氷砂糖と同じくらい昔からあり、またその広がりかたも同じほどで、10世紀のエジプトや12世紀の中国にもこれに関する記述があった。こうした品で交易も行なわれていた。「中世の中国はきび砂糖を牛乳で煮詰めて作った砂糖菓子が流行し、ライオンの形にしたものなどもあった。中国市場に向けたこうした菓子は、四川省と遠く離れたペルシャの名産でもあったのは確かだ」(7)。

型で成形し「異国の仏塔や人々、鳥や動物の形」にした砂糖菓子は、17世紀には中国の広東省でさまざまな儀式に使われていたことで知られる(8)。ヨーロッパでは流し飴の技法で「細工もの」が作られた。中世の宴席に置く装飾や目を楽しませてくれる人形、それに16世紀から17世紀にかけて催されていた砂糖を使った饗宴やコラツィオーネ向けに、それまでにないさまざまなものを作ったのだ。1609年にはイギリスの発明家サー・ヒュー・プラットが、まず石膏で土台を作り「そこにレモンやオレンジ、梨、ナッツその他を入れて型を取り、果物類を取り出したあとに砂糖を詰める」という方法を教えている。(9) この方法を使えばブタの足の型さえも作れた。19世紀にはクリスマスに流し飴で作る「奇抜なもの」が流行し、砂糖を使っておふざけの飾りを作ることも多かったからだ。たとえばブタの頭やバイオリン、スリッパ、犬や猫、ウサギなどが、1ペニー程度で売られていた。(10)

この頃にはスターチモールドという新しい技術も、同じ形の小さなキャンディを一度にたくさん作るさいに使われるようになっていた。石膏でなにかをかたどったものをスターチ（デンプン）を入れたトレイに埋め込んで型を取り、その型に液状のシロップを注いで動かさないようにして置いておく。スターチがシロップから水分を吸収して、キャンディが固まる。

流し飴の技法が強く人の心を引きつけたのは確かで、世界中でとは言えないまでも、広くこれが作られ、今も続いている。メキシコではトドス・ロス・サントス（万聖節）向けに砂糖の骸骨《がいこつ》を作り、砂糖衣や紙で色とりどりに飾る。シチリア島の砂糖人形「プピ・ディ・チェーナ」は馬に乗った騎士であることが多く、これも万聖節やイースター用のものだ。イギリス諸島の海辺に出ている店やエジプトのカイロ、またインドでもヒンズー教の祝祭ディワリの際にこうした流し飴で作った人形を目にすることができる。

◉フォンダン

結晶化を利用したやわらかなお菓子もある。菓子職人のフリードリヒ・ウンガーは１８３０年代にイスタンブールを訪れ、彼がそれまで見たこともなかったキャンディのことを記している。やわらかな食感の「ローク・シェルベット」であり、ヨーロッパに戻ったらこのお菓子を新しいキャンディとして売り出そうと考えた。ドイツ人のウンガーがそれを実行したかどうかは記録に残っておらず、フォンダン（fondant、溶けるという意味のfondreから派生したもの）、つまり、19世紀半ばのヨーロッパの菓子業界に「近年入ってきた、やわらかく味わいのある『クリーム』と呼ばれる

1880年代の〈マッコブズ・アウル〉社のチョコレート・クリームの広告。フォンダンをチョコレートでコーティングしたお菓子は19世紀後半に大きな人気を博していた。

キャンディ」を取り入れたのはフランス人ということになっている。(11) だれが持ち込んだかはさておいて、このお菓子はとてもなめらかで、固く、ぱきんと割れる流し飴のキャンディとはまったく違った食感だ。

　フォンダン用のシロップは低めの温度で煮詰めてある程度まで冷ましたら、しっかりかき混ぜる。温度が低いほどシロップがもつエネルギーは小さいため、果糖とブドウ糖が再結合する力が弱くなり、シロップのなかにできる結晶はより微細で数も多くなる。口にしても微細な結晶が多数あることはわからないが、これがなめらかな印象を与えるのだ。コーンシロップは微細な結晶となるのを助けるため、フォンダンづくりにはほぼこれが使われる。転化酵素のインベルターゼをフォンダンにくわえてからチョコレートの殻のなかに封じ込めると、その働きで砂糖の一部がブドウ糖と果糖に分離し魔法をかけたようにやわらかなクリームになる。

　19世紀後半の技術は新たな風味をもつエッセンスと着色料を生み出した。スターチモールドで成形したフォンダンとこうしたエッセンスや着色料を組み合わせれば、無限ともいえるほど、さまざまな種類のキャンディやボンボンを作り出せた。19世紀前半に作られたチョコレートは今とはちょっと違った苦味のあるフレーバーだ。口に入れるとチョコレートは今のものと同じくらいの温度と速さで溶けるが、口のなかに官能的な味が広がる。１８６６年には〈フライ〉社が初めて、チョコレートキャンディ・バーのなかにフォンダンを詰めた「チョコレート・クリーム」を作った。従来、ボンボンにチョコレートをかけるときは溶かしたチョコレートに手作業で浸していたが、20世紀に入ると衣がけ用の機械ができ、芯にするものをベルトにのせて溶かしチョコのカーテンをくぐらせるだけになった。

フォンダンは今もチョコレートに詰められ、食後に食べるハッカキャンディとなり、イースターエッグのチョコの殻に入る白身と黄身になる。このイースターエッグはとくに〈キャドバリー〉社の「クリーム・エッグ」が有名で、イギリスの子供たちのイースター用おやつの定番だ。ハンガリーやスロヴァキアではチョコレートでフォンダンを覆い、それをきらきらと輝く紙で包んだ「サロンツコル」(「応接間のキャンディ」の意味)でクリスマス・ツリーを飾る。

◉ファッジ

フォンダン自体をとくにファッジなどほかのお菓子にくわえ、砂糖の結晶化を促進して食感を変えるのに使うこともある。ファッジは複雑で味わい深い風味をもち、乳製品と砂糖を加熱することから生まれる独特の焦がしカラメルの味がする。起源は定かではないが、19世紀後半のアメリカで流行した。「ファッジが初めて新聞や雑誌や料理書、広告用の小冊子に登場したのは1880年代であり、家庭料理や一般の人々の菓子づくりに推奨された。家庭で楽しむ素朴なお菓子としてぴったりだったからだ[12]」。

ファッジという名は、寄せ集めること(fudging)から来ているのかもしれない。だが名の由来よりも、あっという間に人気となり、健康によい手作りの素朴なお菓子というイメージができたことのほうが重要だ。アメリカではファッジづくりが女子大学でブームとなり、子供のパーティーでのお楽しみとなった。1912年には、フォンダンをくわえて結晶化させたファッジの、商業生産の技術が記されている。[13] ファッジの人気に一役買ったのは異常気象だった。アメリカの菓子業界は1950年代に、夏の暑さで溶けてしまうチョコレートの代わりにファッジを売り出したのだ。

ファッジはアメリカ以外の英語を話す国々でもあっという間に人気を博した。チョコレート味はどの国でもいつも人気だった。流行に合わせて、バニラ、ナッツ、メープルシロップ、リキュール、フルーツエッセンス、ほかにもラム酒とレーズンを組み合わせたフレーバーのものなども登場した。ファッジは簡単に作れてそれほど資金も必要としないため、20世紀の後半には、ファッジの生産をフランチャイズ化して観光地に小さな店を出すという事業展開も行なわれるようになっていた。

ヨーロッパには牛乳と砂糖を使った非常に有名なお菓子が今もふたつあり——スコットランドとオランダのお菓子——、これがファッジづくりに影響をおよぼしたのだと思われる。スコットランドの「タブレット」は、砂糖と牛乳かクリームを一緒に煮詰め、混ぜて結晶化させるもので、これだけ聞くとファッジとよく似ているが、実際には少々異なる。口に入れたときにザクっとした食感があったかと思うとすぐに溶けるのだが、そのときに口のなかで小さな結晶が溶けていくのを楽しめる。煮詰める温度が1、2℃違うことと、よぶんなものをくわえないことで違いが生じるのだ。本来は平たい形をしたものをタブレットという。ショウガやオレンジやバラのフレーバーをつけたタブレットのレシピが、スコットランドで刊行された初の料理書である『マクリントック夫人の料理とお菓子作りのレシピ集 *Mrs. McLintock's Receipts for Cookery and Pastry-work*』（１７３６年）に登場している。オランダの砂糖菓子は「ボルストプラート」という。「ボルスト」は「胸」の意味で、本来は気管支の病気の治療用に薬屋で作り売られたものだった。現代のボルストプラートは、クリームと砂糖を混ぜて薄いシート状に伸ばしたり型に流したりしたものがあり、昔から12月初めの聖ニコラウスの日［聖ニコラウスはサンタクロースのモデルとなったとも言われる聖人。この日、子供たちは聖ニコラウスからお菓子など小さなプレゼントをもらう］の頃に食べるものだ。(14)

◉プラリーヌ

ほかにも砂糖を結晶化させたキャンディはあり、お土産としても有名だ。ニューオリンズの「プラリーヌ」は、菓子店でも、街中の通りの角に立つプラリニエール（プラリーヌづくりは通常は女性が行なっていた）からも買える。砂糖を牛乳とバターやクリームと煮詰めて結晶化させ、きざんだピーカンナッツ［北アメリカ原産のクルミ科の木の実］を混ぜた大玉のキャンディだ。１８９３年に、糖蜜とブラウンシュガーとチョコレート、バターを混ぜて作ったニューオリンズの菓子を「プロリーン」とした記述がある。(15)１９０１年刊行の『ピカユーンのクレオールの料理書 *The Picayune's Creole Cook Book*』には、プラリーヌという見出しの項に「ココナッツと砂糖で作ったおい

砂糖とナッツで作ったお菓子を詰めたバスケットを傍らに置くニューオリンズのプラリニエール。

しいピンクと白の菓子」や「ピーカンナッツと砂糖で作った茶色の菓子」と書かれている。

「プラリーヌ」とはフランス語であり、フランスのプラリーヌは固く、渋皮をとっていないアーモンドに焦がした砂糖（カラメル）をからめたもので、この技術を「サブラージュ」という。プラリーヌにはさまざまなものがあり、そのひとつは17世紀にプレシ＝プララン伯爵の料理人が作ったものだと言われている。その起源がどうであれ、プラリーヌはとても有名なお菓子だった。１８２０年には『イタリアの菓子職人 *The Italian Confectioner*』のなかでウィリアム・ジャリンが、「プローリング」は乾いた砂糖で覆い湿気から守っていると述べている。ジャリンは、このお菓子にはピスタチオやオレンジフラワーウォーター、アーモンドを使い、色も白や赤のものがあることを紹介している。スペインには「ガラピニャーダ」があり、これはプラリーヌとほぼ同じお菓子のようだ。紛らわしいのはベルギーのプラリーヌ（プラリネ）がチョコレートを意味することで、元は炒ったナッツと砂糖を混ぜ、すりつぶしたものをチョコレートに入れてナッツの風味を出したことから付いた名だ。

◉ココナッツキャンディとメープルキャンディ

ニューオリンズでココナッツ入りの「ピンクと白の砂糖菓子」と言えばプラリーヌだが、19世紀末にイギリスの料理書に突如として登場した「ココナッツアイス」もこの表現がぴったりのお菓子だ。ココナッツアイスとは煮詰めてかき混ぜ結晶化した砂糖シロップと挽きたてのココナッツで作るやわらかな「ココナッツキャンディ」で、のちには乾燥ココナッツが使われるようになった。北アメリカでは1950年代に、ココナッツキャンディが季節を問わず楽しめるお菓子として人気を博した。そしてココナッツキャンディはマウンズ（アメリカの製菓会社〈ハーシー〉が1921年に発売）やバウンティ（1950年代初期に〈マース〉社が発売し、現在もイギリス、カナダ、オーストラリアなどで販売されている）といったお菓子のフィリング［菓子や料理の詰め物］になった。おそらくココナッツと砂糖がとても合う組み合わせで、どこでも手に入るものだったからだろう。砂糖衣をかけたココナッツ菓子はメキシコやブラジル、西インド諸島や東南アジア、インドにも昔からある。

一方「メープルキャンディ」は砂糖をまったく使っていない。これはカナダ東部とアメリカ北東部で作られているもので、春の初めに集めたメープル（カエデ）の樹液が原料だ。糖分がたっぷりの樹液を煮詰めて型に流して成形し、ファッジに似た食感の小さなキャンディを作る。雪の上に流して急速に固めて、メープルの「タフィー」にすることもある。アメリカ先住民の人々はメープル類の木をたたいて樹液を採っていた。ヨーロッパからやってきた移民はメープルの樹液を煮詰めてキャンディを作ったが、それ以前に先住民が同じようなことをしていたのかについては意見はさまざまだ。(16) 真実はどうあれ、メープルの風味は人気があり多くのお菓子やキャンディに使われ、とくにピーカンナッツやクルミと組み合わせることが多い。

●透明なキャンディ

ここまで、不透明で、固いものからクリーミーなものまでさまざまなキャンディを見てきた。では数ある透明なキャンディや縞々模様のキャンディはいつどこで生まれたのだろうか？　昔ながらの、郷愁をかきたてる菓子店に並ぶビンには、宝石のように色とりどりでさまざまな形のキャンディがつまっている。イギリスでは「ボイルドスイーツ」、北アメリカでは「ハードキャンディ」と言われるものだ。〈ライフセーバーズ〉の「フルーツドロップ」や〈フォックス〉の「グレーシャーミント・キャンディ」や「ペアードロップ」といったお菓子の元祖はどこにあるのだろうか。

「アキデ」は砂糖を煮詰めて風味づけしたドロップ。昔からこうしてガラスのビンに詰めて陳列されている。イスタンブール、2012年。

こうした砂糖菓子は一般に作り方が非常にシンプルだ。シロップをハードクラックの段階まで煮詰めて急速に冷やすときらめくような透明になる。これがスムーズに進むよう、菓子職人はさまざまなドクター、つまり阻害剤を用いて砂糖が結晶化しないようにする。工業化以前の時代にはレモン果汁やハチミツが、大量生産の時代にはブドウ糖や酒石酸が使われており、これらが結晶化を抑制する。こうすることで、ひとつの材料からさまざまなタイプのものを作ることができるようにもなる。まだ温かくやわらかいうちに、煮詰めた材料で細工したり、型に流し入れたり小さく切ったり、ガラスのように空気を吹きこんで膨らませることもできる。

18世紀のイギリスの料理書のほとんどに、透明な大麦糖「ねじり棒のようなキャンディ」や、砂糖をクラックの段階まで煮詰めて棒やタブレットの形にカットするお菓子のレシピが掲載されている。19世紀初めにはフリードリヒ・ウンガーが、イスタンブールには紙でくるんだ固いキャンディが売られていると記し、それを「パピヨット」［フランス語で、包み焼きに用いるパラフィン紙のこと］と呼んでいる。これは、ウンガーがすでにこうした砂糖菓子を知っていたか、フランスにあったことを意味する。

その後イギリス人は、砂糖を煮詰めて作った、ボイルドスイーツに熱中し、さまざまな種類のものが街にあふれた。1865年にはヘンリー・ウエザリーが「間違いなく……イギリスの人々はボイルドシュガーを好む。とても素朴でもっとも純正な砂糖菓子だからだ」と述べるほど、消費量は増加した。(17) ウエザリーの書はアメリカのフィラデルフィアで刊行されたため、北アメリカでこの砂糖菓子が人気を得るのに一役買ったこともあり得るだろう。

1851年にロンドンで開催された万国博覧会では多くの製品が人気を博し、菓子類にもそれは言えた。しかし、こうしてイギリス以外に広まる以前にウエザリーは、ボイルドスイーツは「イギリスで生まれた製品だと言ってよい」と述べており、こうも書いた。

著者をはじめとするイギリスの菓子職人の製品と製菓用機械の紹介によって、それらがとくにドイツなどの菓子職人にも製造されることになったが、その多様さや技術に関して、他国がイギリスのものを上回ることはなさそうだ。(18)

この50年後にE・スクースが、少なくともイギリスで作られているお菓子の2/3は煮詰めた砂糖で

19世紀後半のドロップローラー。ある菓子職人のボイリング・ルームの壁にかけて保管されているもの。

できていると考察している。[19] フランス人はこうした砂糖菓子を「カラメル」と呼んだ(昔の菓子職人がハードクラックの段階のものをこう呼んだことから、今もスペインでは「カラメロ」、ロシアでは「カラメル」という)。

やがて、ボイルドスイーツの価格は低下したが、魅力は増した。そして安価になった砂糖が製造コストに占める割合は大きく低下した。砂糖を煮詰める工程は燃料を多く必要とするため、石炭の価格はキャンディの値段に影響しただろう。それでも、イギリスの工業都市でも他の地域でも貧しい人々は、安くて、色とりどりでさまざまな形とフレーバーのキャンディを食べれば手軽にエネルギーを補充できることを喜んだ。

煮詰めた砂糖は本来、ただ紙の上に落と

したり、小さな棒状に固めたりするものだった。だが機械を使うようになると作業のスピードが増しさまざまな形のキャンディが作られるようになっていく。手作業では熟練の砂糖菓子職人を弟子の少年が手伝い、このふたりが煮詰めて成形できる砂糖の量は30分で3キロ程度だった。しかし1847年にドロップローラーが導入されると、5分もあれば、少年ひとりだけで同じ量のものが作れるようになった。ドロップローラーはアメリカのマサチューセッツ州ボストンのオリヴァー・チェイスが開発し、瞬く間になくてはならない機械となる。現在も使用されているこの機械は、さまざまな形の型がつけられたローラーがふたつ組み合わされたものだ。煮詰めた砂糖シロップをねばりが出る程度まで冷やしてふたつのローラーのあいだを通し、いろいろな形のキャンディにするのだ。また、それまで風味づけに使われていた果汁やスパイスやローズウォーターやサフランなど植物由来の着色料に代わり、人工的なフレーバーや色が使われるようになった。

キャンディの形は以前よりもさらに豊富で美しいものになった。動物に花、星、ドングリ、ナッツ類、魚、ハサミ、カエル、貝殻、シャムロック［クローバーやカタバミなど三つ葉の植物］、それにクリスマス用にはサンタクロースや七面鳥まであった。シカゴの〈トーマス・ミルズ・アンド・ブラザー〉社をはじめとする企業のカタログにはありとあらゆるデザインが紹介されている。「安くて色彩豊か、目に楽しいハードボイルドシュガー。子供もうっとりのお手ごろキャンディ。店に並ぶガラスビンにつまったキャンディは、まるできらきらと輝く宝石」[20]。大きなタイプのものは砂糖でできた透明なおもちゃとなり、北アメリカでは子供たちに贈るクリスマスプレゼントの定番とな

菓子製造用の機械と用具の製造会社であるフィラデルフィアのトーマス・ミルズ・アンド・ブラザー社のカタログ。1930年代のもの。このページには砂糖で作るおもちゃの型が紹介されている。

った。人がヤギに突かれているものや、犬が男のコートをくわえて引っ張っているところ、それに果物を食べるサルやラクダや象。そんなキャンディの人形をもらったら、どんな子供でも喜ぶこと間違いなしだ。

こうした人形については、砂糖を利用してさまざまな美しい像を作ったことを取り上げる6章で解説する。ほかの国にも同じように砂糖で作ったおもしろいもの、美しいものはあった。日本伝統の大道芸でもある「飴細工」は溶かした砂糖で花や動物を造形するものだ。中国にも似たような伝統はある。板の上にやわらかい飴状の砂糖を使って描いたものをはがした「飴の絵」や、麦芽糖シロップを溶かしガラスのように吹いて膨らませ、造形するものもある。その歴史ははっきりしないが、子供たちはみなこれが大好きなことだけは確かだ。

◉大麦糖と引き飴

奇抜なものや目新しいお菓子だけではなく、歴史の古いお菓子もある。19世紀には水と砂糖をしっかりと煮詰めて作ったキャンディを大麦糖と呼んでいたが、これは本来、フランスの「シュクル・ドルジュ」（大麦キャンディ）がそうであるように真水ではなく大麦の煎《せん》じ汁を使っていた。フランスの小さな町、モレ・シュール・ロワンの名産である「モレ修道院のシュクル・ドルジュ」には今も大麦が使用されている。

中国、四川省の飴職人。飴を引き、伸ばしてまるで糸の束のようにしている。詳細な記録はないが、この工程は古代に起源をもつ。2016年。

大麦糖は見たままのシンプルなキャンディというわけでもない。20世紀初頭まで、英語でいう「ペネット」と同じものとされていることもあった。これは昔作られていた短いロープ状のキャンディのことで、「引き飴」の技法で作っていたために不透明な白い色をしており、風邪に効くとされていた。ペネットと同一視されたことや見た目が白い色であったことから昔の大麦糖がどのようなものだったかがうかがえるし、また「キャンディケイン」といった新しいタイプのスティック形キャンディも、歴史をたどれば昔の風邪薬とつながっていることがわかるのである。

引き飴にはクラックの段階まで煮詰めた砂糖シロップを使う。手で触れるが粘りはあるくらいに冷めたら、手早く作業する。クラック状態の砂糖のペーストを鉄のフックにひっ

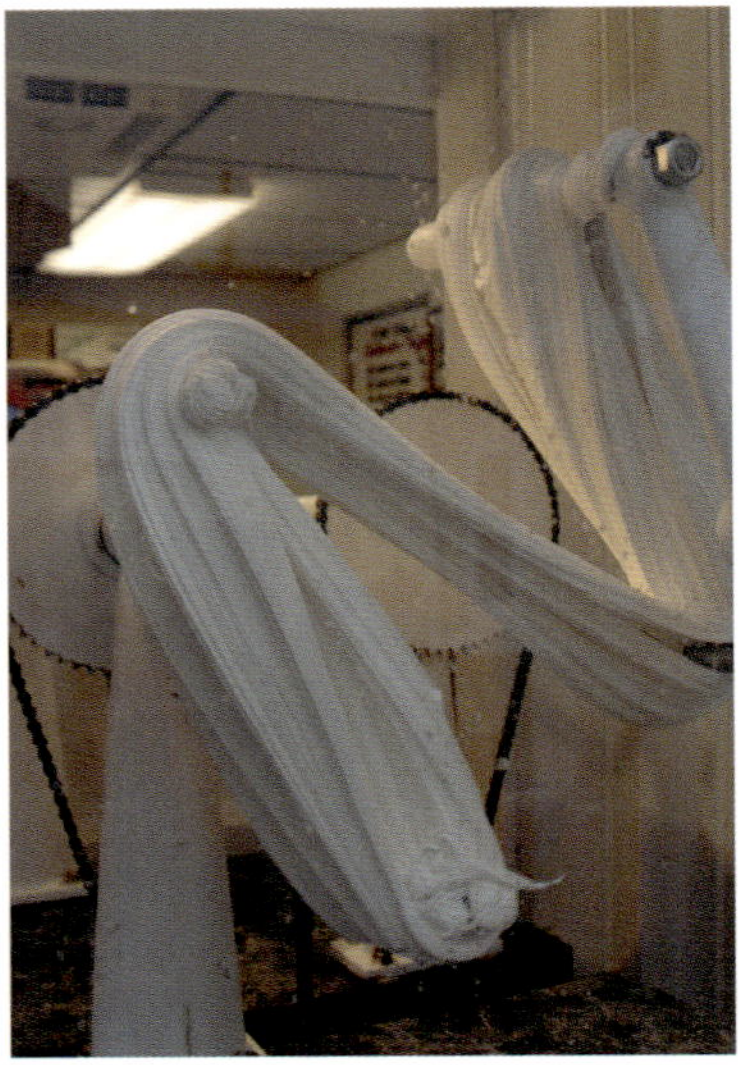

機械を使った飴引き。安全ではあるが、伝統的な手作りの作業よりも面白みには欠ける。

かけて、引いて伸ばしては折り畳み、という作業を繰り返す。今日《こんにち》では回転するアームを備えた機械が作業するので数秒しかかからないが、以前は人の手で行なうものであり、体力も時間もかかった。引いて伸ばす作業をはじめると砂糖のペーストはすぐに白くなる。この工程で微細な砂糖の結晶ができ、また空気を含んで、ペーストは「無数の細い水晶のような糸のあいだに空気が入り込み、きらきらと光る固い糸の束のようになる」のだ[21]。

引き飴の技術で作ったものには、とても美しく目を引くお菓子がある。北アメリカのクリスマスになくてはならない赤と白のらせん模様のキャンディケイン「ステッキの形の飴」や、イギリスの海辺の観光地のお土産「ロックキャンディ」だ。ロックキャンディは芯の部分が白いスティックタイプのキャンディで、断面を見ると白い部分に海辺の観光地の名が現れていておもしろい。スコットランドの菓子店でビンに入って棚にきれいに陳列されているのは、縞模様《しまもよう》の色とりどりの「ボイリング」だ。フランスの町カルパントラの名物は、小さな色とりどりのキャンディにつやつやとした白い砂糖が縞模様を作る「ベルランゴー」（バランゴ）。そのほか、ざくざくとした食感のキャンディや、糸ようじのように細い飴を撚《よ》ったものはすべて、引き飴の技術で作ったものだ。引き飴は古い技術であり、本来は特別な菓子づくりのスキルだとみなされていたのだろう。

「ペネット」という言葉を調べてみると、19世紀の工業化の時代に作られたつやつやとしたキャンディの下には、深く、思いもよらない歴史が隠れていたことがわかる。「キャンディ」やあるいは「砂糖」という言葉同様、「ペネット」という言葉からは、蔗糖がさまざまな国でいろいろな時代に大きな価値をもっていたことがうかがえる。

ペネットは「中世ラテン語の『ペニディウム（penidium）』が英語化したものだ……そして『ペニディウム』は13世紀のイスラム支配下のスペインで使われていたアラビア語『アル・ファニド（al-fanid）』（引き飴によって輪や円状にすることを意味した）から派生したものでもある」[22]。スペイン語の「アルフェニーケ（alfeñique）」やポルトガル語の「アルフェニン（alfenim）」はどちらも「アル・ファニド」から派生したもので、砂糖を白くなるまで練ったものだ（とはいえ、アルフェニーケとアルフェニンはイベリア半島よりもメキシコやボリビア、アゾレス諸島など植民地でのほうがよく知られているようだ）。「ファニド（fanid）」はペルシャ語からアラビア語に入った言葉で、おそらく、半精製した砂糖を表すサンスクリット語の「ファニタ（phanita）」が転じたものだろう。

中世のアラブ人医師イブン・アルクフ（１２３３〜１２８６年）によると、「ファニド」は「胸の痛みに効果があり、胸を冷やす物質を減じて穏やかな気分にする」という(23)。

こうして、引き飴とそれを表す言葉は東から西へと伝わったのだ。ミシェル・ド・ノストラダムスは１５５2年にあるレシピを残しており、これには引き飴づくりの手順が詳細に書かれている。「砂糖を、好みのままに太くまたは細く、そして優美にひねる」。ハチミツやオイルを使うと砂糖の色が悪くなって長持ちもしなくなり、「その結果、喉の痛みを取るどころか、痛みがずっとひどくなった」(24)。19世紀初頭には引き飴は大衆向けのものとなっており、イタリアでは通りの屋台の菓子職人が作っていた。それはパリでも同じで、１８４８年にこの地を訪ねたヘンリー・ウエザリーは、砂糖を煮詰めただけの砂糖菓子はわずか1例しか見つけておらず、戸外の屋台では炭火に鍋をかけて砂糖を煮詰め、白くなるまで引いて伸ばしたものが作られていた。

引き飴の技術が伝わった国々では、飴に縞やさまざまな模様をつけた。キャンディケインをはじめ引き飴で作った縞模様の砂糖菓子は、まず引き飴で白い棒状の飴を作り、これに引き飴をせずに煮詰めただけの砂糖で作った細い棒を貼り合わせ――これは赤いものが伝統だが――この白と赤の棒状の飴をさらに伸ばして必要な太さにして短く切る（スウェーデンのグレンナのお菓子「ポルカグリース」もそうだ）。風味づけによく使われるのがペパーミントオイルだが、アニス［セリ科の1年草で香料とされる］やクローブ［チョウジノキの蕾《つぼみ》を乾燥させた香辛料］その他のエッセンスをくわえたものもあり、またときには赤と白以外の組み合わせもある。

ロックキャンディや菓子類を売る海辺の店。イギリス、2016年。

イギリスの海辺で売られているロックキャンディは最初に作られたときは「モットーロック」と言われていた。ロックキャンディは次のようにして作る。たとえば、引き飴で作った白い棒状の飴を赤い飴でくるむと断面はアルファベットの「O」になる。この段階では大きな円錐形にまとめ、それを引き伸ばして短く切ると、どのキャンディも断面にきれいな「O」ができる。作業は砂糖のペーストが温かいうちに進めなければならない。冷えて固まってしまうと引き飴にできず、成形できないからだ。[25]

　文献から、キャンディに文字が出てくるように細工するやり方は、19世紀半ばにロンドンで生まれた新しい技術であることがわかっている。ヘンリー・メイヒューが、『ロンドンの労働者とロンドンの貧者 *London Labour and the London Poor*』（1851年）のなかでこれについて初めて書いているのだ。またヘンリー・ウエザリーは「固く小さなものも棒状のものもさまざまな種類があって、とても美しい縞模様や無地のキャンディ」について述べ、そのなかで「ラブ・ロック」と呼んでいるのは、これがロックキャンディの当時の呼び名だったからだろう[26]。簡単に聞こえても、ロックキャンディづくりにはスキルを要し、きれいな出来上がりにするためには細かいところまで注意を払う必要があった。断面に文字を出すのはイギリス独自のもののようだが、複雑な模様が出てくるキャンディはほかの地でも作られていた（現在も作られている）。

イギリスで伝統的な縞模様の小さな砂糖菓子とされている「ブルズアイ」や「ハムバグ」は、おそらくはロックキャンディと同じ頃にできたものだろう。安くて目を引き、とくに町の市場には透明なキャンディと一緒に大量に売られている。大西洋の両側では、引き飴で作った砂糖菓子はなくてはならないものではないが、あればうれしいという位置づけだ。とても魅力的なこの砂糖菓子は多くのファンを獲得し、安価なおやつとして、またはお祝いのときの珍しいお菓子として子供の頃から親しんでいる人々は多い。

引き飴で作る伝統的な砂糖菓子には、歯が痛くなるほど甘い「エディンバラ・ロック」（スコットランドの首都を名にもつ、ざくざくとした食感でパステルカラーの棒状キャンディ）のように、引き飴にしたあと、砂糖が粒状になってざくざく感が出るようしばらくおいておく工程が必要なものもある（結晶化した砂糖は温度などが一定ではない環境でもべとべとになりにくい）。言い伝えではこの工程は偶然から生まれたことになっているが、似たような砂糖菓子はほかにも存在する。

フアン・バン・デル・アメン・イ・レオン『菓子を盛ったバスケットのあるテーブル』（キャンバス。油彩。1620年）砂糖衣をかけた果物とビスケットに混じってねじった白いお菓子が2個あるのが見える。引き飴の技法で作ったものだろう。

オランダの「カネールル・ブロッケン」はシナモンで色づけと風味づけをし、エディンバラ・ロックよりも固いがざくざくとした食感は似ており、トルコの「ペイニル・シェケル」（「チーズ砂糖」の意味）も同様だ。フリードリヒ・ウンガーは、ペイニル・シェケルについてこう記している。

東洋では非常に大量に作られ……トルコではこの引き飴をとても器用に作っており、作業中に思いつくあらゆる色や形のものを作り……この地とヨーロッパのものとに製法の違いはない。(27)

この引き飴で作ったキャンディはバニラやバラ、オレンジ、シナモンその他のエッセンスで風味づけをした。

トルコで作られている引き飴には、ほかにも非常に独特のものがある。引き飴の技術と材料とを独自の方法で組み合わせることから生まれるのが、まるでアザミの冠毛《かんもう》のような菓子「ケテン・ヘルヴァ」または「ピシュマニエ」で、細い繊維を噛《か》んでいるような食感をもつ。バターと小麦粉を混ぜたものを火にかけて1時間ほどかき混ぜながら炒り、一方では砂糖シロップをクラックの段階まで煮詰めて、白くなるまで飴引きして輪にする。

引き飴の輪には炒った小麦粉を軽く振りかけて大きな丸い盆の中央に置く。3、4人が盆の周りに座って両手で引き飴の輪をにぎり、反時計回りに動かしながら輪を細くしていく。このとき、間断なくリズミカルに行なうことが肝要《かんよう》だ。輪が一部分だけ細くなって破れてはならないからだ(28)。

輪が大きくなったら折り返し、さらに小麦粉を振りかけ、これを少なくとも10回は繰り返す。折り返すたびに飴の糸は細くなり、最後には極細の繊維の束のようになるのだ。この菓子づくりはトルコで500年以上も行なわれているもので、ピシュマニエという名はペルシャ語で羊毛を意味する「パシュム」から来ていることからも、この甘いお菓子がどんなものかがわかるというものだ。極東では、昔、引き飴についての知識がどの程度のものだったか明確ではないが、17世紀の広東省には、煮詰めた砂糖を極細の糸にして作った「繭《まゆ》」のようなお菓子や、吹いて膨らませた吹き飴の記録が残る(29)。

「ロンソートン」（龍のひげ飴。「ピシュマニエ」によく似た飴）づくり。砂糖シロップを伸ばして何本もの細い糸の集まりにする。

欧米にはケテン・ヘルヴァと同じような砂糖菓子はない。加熱した釜で砂糖の結晶を溶かし、これを回転させて糸状になった砂糖をからめとって作るキャンディフロス（綿あめ）は粗くざらざらとした食感で、ケテン・ヘルヴァのような繊細さはない。ケテン・ヘルヴァの製法は部分的に機械化されてはいるが、今も回しながら伸ばしていく工程は人手で行なう。ケテン・ヘルヴァは作る人の腕が試されるお菓子で、家で作ることも多く、トルコではかつて冬の夜によくヘルヴァ・パーティーが催されていた。

◉タフィーとトフィー

20世紀に入る頃の北アメリカでは、引き飴をしてタフィーを作る「タフィー・プル」

がよく行なわれ、子供のお楽しみのイベントともなっていた。タフィーづくりはまた商業的な娯楽となって、海辺の遊歩道で呼び物として行なわれた。今ではさまざまな色や風味のものがあるが、1個ずつパラフィン紙にくるまれた塩味のタフィー（ソルトウォーター・タフィー［塩水タフィー］）は北アメリカ独特のものだった。

この塩味のタフィーが生まれたいきさつについては、1880年代にタフィーの容器が海水をかぶってしまったからだと言われているが、それが後づけの伝説の域を出ないのは他の多くのキャンディと同じだ。これを売るタフィー屋が「たんにソルトウォーターという名が好きで、海辺の行楽地で食べるのにもぴったりだからこの名にして売りだした」という説のほうがもっともらしい(30)。おそらくは海辺へのお手軽な旅行は一般の人々にとっては大事なイベントで、それにはお土産も必要だったのだろう。イギリスの海辺にロックキャンディが登場したのも同じ頃だった。1950年代に工場生産されたソルトウォーター・タフィーが含む塩の量はごく少なく、他の材料11キロに対して小さじ1杯しか使われていなかった。また砂糖とコーンシロップ、卵白、ゼラチンを混ぜて作るマシュマロホイップを使って、軽い口当たりのタフィーになっていた。

北アメリカのタフィーは、さまざまなタイプがあるやわらかなチューイングキャンディのひとつだ。乳製品を使わないキャンディで、砂糖のペーストを引いたり伸ばしたりして色も食感も軽くする。やわらかくもちもちとしたタフィーは、現代のイギリスでトフィーとされているものとこれといった関連はない。イギリスのトフィーは、現代においては通常は引いたり伸ばしたりしないし、（お

アメリカ、デラウェア州リホボス・ビーチにある〈ドールズ・キャンディランド〉は、1927年から続く、ソルトウォーター・タフィーやその他手作りのキャンディを売る家族経営の店だ。

そらく）バターと牛乳やクリームを使っている。乳製品を使うことで砂糖の結晶化を抑制し、また乳製品が熱い砂糖と反応して香ばしいナッツのような風味が出て、それがこの砂糖菓子の大きな魅力となっている。

北アメリカのタフィーとイギリスのトフィーという名の起源は、歴史をさかのぼると、その可能性のあるものがいろいろとみつかる。アラビア語には、タフィーとトフィーという名の語源となるものは見当たらないようだ。スコットランド方言の「タフィー（taffie）」は糖蜜液と小麦粉を煮詰めたハロウィーン用のお菓子だ。18世紀の「タフィア（tafia）」は糖蜜をベースとした酒で、これが起源の可能性もある。19世紀には、通りに立つ菓子売りが糖蜜や糖蜜液を使って安いお菓子を作るようになった。その当時の方言にはトフィーもあったようで、「広く知られた『トフィー』は……どこのものであれ私たちはこれが大好きだ」と書かれたものがある。[31] トフィーは菓子屋の専門用語でもあり、砂糖シロップを煮詰めてハードクラックにする職人がこの語を使った。

一方、北大西洋の向こう側の北アメリカでは、菓子屋が名前とレシピをごっちゃにしたものを作った。「イングリッシュ・トフィー」(トフィーはたんにトフィーでしかないイギリス人にとっては紛らわしい)というお菓子が登場したのだ。固く、バターをたっぷり使いアーモンドで飾ったお菓子で、イギリスではほとんど見ない。これはおそらくは、ブラウンシュガーを煮詰めてクラックの状態にし、さまざまな手法でアーモンドと組み合わせたイギリスの「アーモンドロック」や「アーモンドベイク」の系統にあるものだろう。ヘンリー・メイヒューは1864年に、アーモンドロックやアーモンドベイクは行商人が売る人気のお菓子だと書いている。

「アメリカ・キャラメル」または「フィラデルフィア・キャラメル」がイギリスにやってきたのは19世紀後半のことで、熱狂的歓迎を受けた。砂糖、牛乳、さまざまな油脂、バター、クリーム(または乳製品由来でないクリーム)を材料に作ったお菓子だ。レシピの争奪戦となり、ある菓子製造業者が言うには、とても苦労し、多額の金を支払ってやっとのことでレシピを手に入れたそうだ。[32] その業者が入手したレシピには、砂糖、クリーム、ブドウ糖、バターをクラックの段階まで煮詰め、バニラで風味づけをする、と書かれている。チャールズ・アペルが1912年に書いた24ページにおよぶキャラメルのレシピには、キャラメルとはもちもちとしてやわらかくあるべきだと書かれており、おそらくはそうした食感だったのだろう。

ストロベリー・バナナ味のソルトウォーター・タフィー。2016年にアメリカ、オレゴン州シーサイドで販売されていた94種類のフレーバーのひとつ。

キャラメルがやってきたイギリスでは、トフィーと言えばバター風味でおいしくぱりぱりとして固いキャンディだった。「エバートン・トフィー」（現在のリバプール近郊にあるエバートンの町の名が由来）も「ドンカスター・バタースコッチ」もそうしたトフィーで、どちらも19世紀初めから半ばにかけてイギリスで生まれた。ヨークシャー州ハリファクスでは、１９００年頃にジョン・マッキントッシュがこれまでにない、やわらかなトフィーを作り出した。イギリスのトフィーの風味と北アメリカのキャラメルの食感を組み合わせたものだ。そしてマッキントッシュはこれをアメリカに送り込み、自信満々で宣伝した。

私の名はジョン・マッキントッシュ。イ

ギリスのトフィー王にして楽しさと喜びをもたらす帝王。私がイギリスで作ったキャンディには何百万という人々が舌つづみを打つ。私の宮廷にいる道化の名は食欲という……私はバターの消費にかけては世界一であり、ヨークシャー州の丘陵地に自前の牧場をもち多くの牛を飼育する。砂糖を買うのは貨車単位。私の名はジョン・マッキントッシュ。イングランドのトフィー王とは私のことだ。私に命令できるのは私だけ。(33)

それでも北アメリカでは、やわらかなトフィーといって真っ先に浮かぶのは、キャラメルとチョコレートを混ぜて作ったもちもちとした「トッツィー・ロール」(1896年発売)だった。キャラメルはべとついて小学生の子供たちの歯にくっつくという大きな欠点はあったが、ぱりぱりとしたものだったイギリスのトフィーに影響をおよぼし、多数の企業がキャラメルづくりに参入した。「クリーミー」なトフィーを作った〈シャープス〉、バタースコッチを作った〈パーキンソン〉や〈ケイラーズ〉、〈カラード&バウザー〉。さらに〈ファラーズ〉、〈ブルーバード〉、〈ソーントンズ〉などなど。こうした有名企業の名は品質を保証するものとなった。というのも、E・スクースがキャラメルについて述懐したように、「最初にはるばるアメリカから持ち込まれたとき、キャラメルが特別な菓子だったのは確かだ……それからすぐに需要が大きく高まり、競争がはじまって……価格低下が起こると品質も低下した」という事情があったからだ。(34)

有名企業のものではない昔ながらのトフィーは、その後も家庭や地方の小さな菓子屋で作られていた。砂糖に糖蜜、牛乳かバターを一緒に煮詰め、トレーに流して固めるものだ。田舎の雑貨店では1970年代まで、トフィー専用のハンマーで固いトフィーを小さく砕いて売るというイギリス伝統のやり方が続いていた。私が子供時代を過ごしたヨークシャーでは、トフィーは秋の中頃、ハロウィーンと11月5日のガイ・フォークス・ナイト［約400年前の「火薬陰謀事件」を記念して、花火を打ち上げ、かがり火をたく行事］にはなくてはならないものだった。

マーケティングの発達を受けてトフィーは広く販売されるようになり、またトフィーづくりのスキルは洗練されて、チョコレートと組み合わせるようにもなった。こうしてイギリス、フランス、スイス、そしてアメリカの起業家たちが19世紀に新しく作り出したトフィーは、タブレットにしたりほかのお菓子をくるむのに使われたり、またアルミホイルやかわいい包装紙や箱に収め、豪華な贈り物になったりした。トフィーは一般に安価だが、美しいイラストが描かれた便利な缶入りが登場し（べとつかないように密封する必要がある）、贈り物や特別なときに出すのにぴったりのキャンディとなった。そしてこれが企業の追い風になり、トフィーの地位を高めることにもなった。

さらに、カウントラインという概念も生まれた。量り売りではなく、本数単位で売る「チョコレートバー」（チョコレートでコーティングしたトフィーバー）のことだ。北アメリカとイギリスの製造業者はチョコレートバーの生産を試験的にはじめると、トフィー以外のお菓子をフィリングにしたものを作った。なかでもよく使われたのが、ヌガーやマシュマロ、ライスパフ、ピーナツと並びキャラメルだった。しっかりと煮詰めて作った固い砂糖菓子はほかとうまく合わないためあまり人気がなかったが、小さく砕いて使うと、ざくざくとした食感と甘い風味を出すことができた。現代のイギリスのキャラメルといえば、チョコレートでヌガーとキャラメルがコーティングされた「マースバー」（1932年発売）で、みんな毎日のように食べている。イギリスのマースバーはアメリカで生産されている同名の商品とは違い、同じような製品にはスニッカーズ（1930年発売）がある。(35)

「ハニカムトフィー」は煮詰めた砂糖に重曹をくわえ泡立たせてから膨らませたものだ。「クランチーバー」（〈キャドバリー〉がイギリス全土で販売）や「ヴァイオレット・クランブル」（〈ネスレ〉社がオーストラリアとニュージーランドで販売）のフィリングとしてもおなじみのトフィーだ。もともとハニカムトフィーはかぎられた地域にしかない珍しいお菓子だった。アイルランドでは、これを引き飴にしたタイプの「イエローマン」をラマス（夏）祭りで食べる。『ピカユーンのクレオールの料理書 *The Picayune's Creole Cook Book*』には「キャンディ・ティア・ア・ラ・メラス（糖蜜のキャンディ）」というルイジアナ名物が登場するが、このレシピはイエローマンのものとそっくりだ。同じようなものにアメリカでは「スポンジ・キャンディ」または「シーフォーム」、ニュージーランドには「ホーキーポーキー」があり、スペインでは真っ黒な色をした「カルボン」（炭菓子）だ。よい子にできないと、この黒いお菓子しかもらえない。

ほかの国々にももっと独特な砂糖菓子がいくつかある。ぱりぱりとしてバターがたっぷり、イギリス人が食べればバタースコッチのようだと思うのが「ヴェルタースオリジナル」。1903年に

〈シャープス〉社のトフィーの広告、1924年。トフィーは大々的に宣伝されて大きな人気を博した。世界中に輸出され、とくに大英帝国の国々への輸出量は多かった。

ドイツで創業した〈ストーク〉社のとても有名な商品だ。スウェーデンのクリスマスには「クネック」を食べる。砂糖、クリーム、シロップ、アーモンドを煮詰めて作り、食感はやわらかなものやファッジのようにとろりとしとしたものからもちもちと嚙みごたえがあるものまでさまざまだ。クネックはひびや割れ目という意味で使われることもあり、しっかりと煮詰めたぱりぱりの砂糖がその名の由来かもしれない。

(今流行りの塩キャラメルのような) 塩味のものもいくつかある。オランダの「ボーターバベラール」はバター、砂糖、黒糖、ビネガーに少量の塩をくわえて作ったものだ。この名をうまく訳すのはむずかしいが(「バター」と「おしゃべりな人」という意味の言葉を組み合わせただけ)、お菓子の名に理にかなった説明を求める人もいないだろう。[36] コーヒー味も人気のフレーバーだ。オランダの「ハーウシュ・

ホプイェ」はヘンリク・ホップ男爵が作り出したと言われている。男爵は痛風もちでコーヒー好きのオランダ人外交官だった。スペインの「ドス・カフェス」は四角で小さなやわらかいキャラメルだ。これはクリーミーでもちもちと噛みごたえのあるコーヒー味のボムボーンといくらか関係があるかもしれない。このキャンディのレシピは18世紀にスペイン大使の菓子職人だったボレラが発表している。

こうしたお菓子はどれも英語圏でいうトフィーの仲間と言えるわけではないし、もともとの起源も定かではない。しかし今ではトフィーやキャラメルやバタースコッチは、固いキャンディややわらかくもちもちしたキャンディというくくりだけでは収まらず、もっとさまざまな性質をもつものとなっている。フレーバーとして使う役割も生まれ、トフィーやキャラメルやバタースコッチの材料をシロップ状にしてデザートにかけたり、アイスクリームに混ぜて渦《うず》模様を作ったりもする。また微細なチップにしてデザートやアイスの上に振りかけて風味を添えるという使い方もあるのだ。

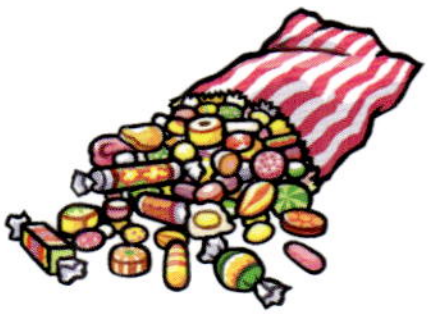

第3章 ◉ スパイスとすてきなものすべて

◉ブリトル

砂糖はさまざまな材料ととても相性がよい。なかでもナッツ類はいろいろなタイプの「ブリトル」に使われる。ブリトルについては昔の記録がほとんど残っていないが、多くの人々から愛されているお菓子だ。ブリトルは、155℃で煮詰めた砂糖シロップにナッツ類やシード類を混ぜるというシンプルな作り方をする。アメリカでは、ブリトルに似たピーナッツを使った甘いお菓子が、すでに1912年には人気を博していた。この年、チャールズ・アペルが『20世紀のキャンディ・ティーチャー *Twentieth Century Candy Teacher*』でこのお菓子に10ページを割いている。そこにはピーナッツ・ブリトルの「№1ヤンキー」やスペインの「ピーナッツ・スクエア」、「ヒンキー・ディンキー」、ピーカンナッツやクルミのブリトルなどが掲載されている。1950年代にはブリトルのシーズンといえば秋と冬であり、とくにハロウィーンと感謝祭の頃にはよく売れた[1]。19世紀のイングランドで生まれたアーモンドロックやアーモンドハードベイクもブリトルタイプの砂糖菓子だった。

ロンドンでは1820年に、ウィリアム・ジャリンがアーモンドと砂糖を混ぜて作る「ヌガー」

のレシピをものにしており、これを使って装飾用の像を作った。「ヌガティーヌ」(フランス)、「マンドルラート」(イタリア)や、「トゥロン」(スペインでヌガータイプのお菓子をこう呼ぶ)など、ヌガーは地中海地域の国々で人気のある祝祭用の砂糖菓子だ。アジアにも、イギリス人が食べればトフィーのようだと思うお菓子がある。「ソハン」はイラン伝統の砂糖菓子で、大きくて薄くやや変形した円盤形だ。砂糖、オイルかバター、サフラン、ハチミツとアーモンドを混ぜて作り、きざんだピスタチオを上に飾る。「真の悪魔、固くて脂肪たっぷりで、この菓子の誘惑には勝てない。イランの多くの人々が歯科医術を学ぶのは、ひとつにはこの菓子のせいに違いない(2)」。インドの人々もまた、シンプルなナッツと砂糖のお菓子が大好きだ。たとえば「ガジャック」は砂糖とナッツ、ゴマのお菓子だ。ピーナツ・ブリトルは中国でも人気だ。中国では煮詰めた砂糖とケシの実やゴマで作るキャンディだ。ゴマを使ったものは、1700年頃に広東省で記されたさまざまなタイプの砂糖菓子のなかにもあった(3)。

◉ヌガー

ナッツと砂糖シロップと泡立てた卵白を使って作るのが、英語圏でヌガーと言われるお菓子だ。ナッツとシロップを混ぜて作ったヌガーをデンプンのウエハースで挟むことも多い。ヌガーと同じような作り方をするお菓子は多数ある。トゥロン(スペイン)、「トローネ」(イタリア)それにト

ヌガーを作る職人の技。混ぜた材料を枠に流し込んで固めようとしているところ。

ルコとイランの「ギャズ」や「ナティーフ」。その多くは地域による違いがある。真っ白なもの、温かなクリーム色のものや、炒ったアーモンドや緑色のピスタチオ、砂糖漬けのオレンジピールやアプリコットのペーストを飾ったもの。とくにイスラム世界では、ハチミツ（現代ではハチミツの代わりにグルコースシロップを使ったものも多い）やフラワーウォーターで香りづけしたものもある。

こうしたヌガーは砂糖シロップを煮詰める温度が140℃から149℃までと幅があるため、温度によって食感が変わる。温度が低いと白くやわらかな食感の「ヌガー・ド・モンテリマール」（フランス）、温度が高いと砂糖がカラメル化するため、ぱりぱりとした食感となりフレーバーも凝縮され、温かなベージュ色の「トゥロン・デ・アリカンテ」（スペイン）ができる。ペーストのような「トゥロン・デ・ヒホナ」を作るときは、炒ったナッツを挽いてから材料にくわえる。

イタリアでは色も食感もさまざまな「トローネ」が全土で作られており、クレモナやベネヴェント（この地のものはヘーゼルナッツをくわえる）名物の昔ながらのトローネから、工業生産された、ドライフルーツやチョコレート、コーヒー入りのものなど多様なタイプがある。

イギリスで19世紀末に広く売られていたのは、色が薄いタイプのものだったようだ。１８９０年代のレシピにはクリーム（フォンダン）にナッツをくわえて作るものもあり、また１９００年頃にはＥ・スクースがこう書いている。

この菓子のごく一般的なものは、海辺の行楽地で手押し車にのせて行商していたり、近隣の貧しい地区の外国人が出す小さな店で売っていたりする。外国人の店で売られているものは……いろんなものの寄せ集めで作られ、なにが材料かもはっきりしない。(4)

アメリカではやがてヌガーは大量生産されるお菓子となり、攪拌には機械化した大釜を使って重労働を軽減し、またフォンダンやブドウ糖、ゼリードロップや植物性油脂といった人工的な材料をくわえるようにもなった。

「ヌガー（nougat）」（フランス語の「ノワ（noix）」や「ガトー（gateau）」、つまりナッツケーキから派生したもの）という英語を語源としない名がついていることから、英語圏ではかなり目新しい菓子だったことがうかがえる。「トローネ（torrone）」や「トゥロン（turrón）」は、ラテン語の「トレール（torrere）」（炒るという意味）から派生したものだ。トゥロンにはスペインにおける長い歴史があり、ヌガーの一般的な名称としてさまざまなタイプに使われ、たとえば「トゥロン・デ・イェマ」は卵の黄身を使ったマジパンのようなものであるし、クルミを使ったファッジのようなトゥロンや、ヘーゼルナッツを使ったタイプもあれば、近年ではこれまでにないタイプのものも登場している。このお菓子がいつどうやって生まれたかははっきりしていないが、マドリードで活動したフアン・バン・デル・アメン・イ・レオン（１５９６～１６３１年）の絵画にも描かれている。現代ではとくにクリスマスのお菓子として有名であり、店先にはクリーム色から茶色までさまざまな色調の、板状のトゥロンが陳列されている。

ヌガーの系図はいくつにも枝分かれしている。ハンガリーとオーストリアでは「トルコのハチミツ」という意味の名がついており、これはこのお菓子のルーツとイスラム世界における長い歴史を物語る名だろう。10世紀のペルシャの文献には、ヌガーが「固くて銀のように輝き、美しいナッツと花のようなドライフルーツを詰め、唇のようにやわらかく甘い味」と書かれている。[5] ペルシャ文化ではギャズと言われ、3月初めの祝祭である「ノウルーズ」（新年）向けに美しい包装を施す。欧米では、工業生産するヌガーやそれに類する名をもつものは、チョコレートバーのフィリングという位置づけだ。

中東のヌガーには、卵白の代用品としてナデシコ科（学名 Caryophyllaceae）の植物の根の抽出

タヒニ（ベージュ色の部分）と、サボンソウの根の煎じ汁と砂糖シロップとを混ぜたもの（白い部分）とをこねてタヒン・ヘルヴァスを作っている。トルコのエディルネ。

物を使うことがある。(6)「ハルヴァの根」と言われるこの植物は、砂糖とタヒニ（ゴマのペースト）を混ぜて作るトルコの「タヒン・ヘルヴァス」にも、ギリシアや中東全域にある「ハルヴァ（ハルワ）」にも欠かせない。根をゆでて煎じたものを白く泡立てて使う。泡立つのはサポニンという物質を含むためで、このためこの植物はサボンソウ（学名 Saponaria officinalis）という名でも知られている。

泡立てたものは砂糖シロップとタヒニと混ぜて時間をかけてよく混ぜてこねる。この工程については、19世紀のイスタンブールで詳細に書かれたものが残っている。材料をこねるのには3人がかりで3時間を要した。作業は交代で行ない、こねる作業が途切れないよう流れるような動きで引き継いで、1回分の作業が終わるまで動きを止めずにつねに一定のリズムでこね続けるのだ。「こねる動きが一瞬でも中断したり、動きが不規則になったり変わったりするとよいものができず、手の施しようがない場合もある」[7]。19世紀のハルヴァにはハチミツや、ゴマやすりゴマ、セモリナ粉、ナッツやバラの花を混ぜたものなど多種多様なタイプがあった。昔のトルコの文献には卵白とハルヴァの根を煎じたものの両方をヌガーにくわえてよいと書かれており、これによって生じる薄い色あいや食感は、現代のヌガーには失われているようだ。

◉マジパン

マジパンもナッツ風味の薄い色のお菓子で、渋皮をとったアーモンドを挽《ひ》いて、砂糖とローズウォーターや卵と混ぜ、粘り気のあるペーストにしたものだ。1552年にミシェル・ド・ノストラダムスがマジパンについて触れたものでは、これは「作り方は簡単で、薬剤師なら作れない者はいない」とバカにしたような書き方をしている[8]。マジパンのルーツは謎に包まれているが、おそらくはイスラム世界にある。さまざまなタイプがあり、またこれをもとにいろいろなものを作れるマジパンは、「単なる砂糖菓子ではない」。

イギリスのものは——明るい黄色でひどく甘く、固練りで、一般にフルーツケーキにのせ、その上に砂糖衣がかかっている……。本物のマジパンはこれとはまったくの別ものだ。軽くてしっとりとし、砂糖とアーモンド（甘くて苦い）のペーストは非常にさわやかでおいしく、

かわいいマジパンの砂糖菓子。ポルトガルのアルガルヴェ、1990年代。

ナッツの香りで満ち、かすかに砂糖のざくざくとした食感がある。(9)

レシピによって分量もさまざまだ。アーモンド2に対して砂糖1というのが適切な割合だとされている。熱いシロップをくわえるか、火にかけながら混ぜるか、できたものをそっと焼くか。加熱したものが最高品質のマジパンだ。

甘いアーモンドペーストはヨーロッパ全域、西アジア、北アフリカに見られ、このためこうした地域にはアーモンドを使った焼き菓子が多数あり、地域名産の焼き菓子も多い。たとえばフランス、プロバンス地方の「カリソン」は、砂糖漬けのメロンを混ぜたひし形の焼き菓子だ。ほかにも「マカルーン」、「ラタフィア」、「アマレッティ」、「リッチャレッリ」、スパイスの効いたニュルンベルクの「レープクーヘン」、それに、

箱に入った「フルッタ・ディ・マルトラーナ」。マジパンで作り色を塗ったもの。イタリアのシチリア。

アーモンドやパン粉のやわらかなペーストにハチミツとスパイスをくわえ、2枚の大きなウエハースで挟んだ「アラフ」もこの仲間に入れてよいだろう。これはスペイン東部と南部の名物で、アラブが起源のお菓子であることはほぼ間違いない。また中国には、飴状の砂糖に松の実やクルミをまんべんなく混ぜ、「四角や円形の型に押すか、指で成形した菓子」と1154年に書かれたものがあり、おそらくはこれがマジパンのようなお菓子を記載した最初の例だろう[10]。

「マジパン（marzipan）」の語源は不明だ。マジパンを作った人物の名前からとったという言い伝えや、ラテン語の「マルツィ・パニス（Marci panis）」（聖マルコのパン）に由来するというもの、アラビア語で重量や箱、棺《ひつぎ》を意味する言葉から生まれたといういかにも作り話のようなものまで諸説ある。どれも決定的なものではないが、5世紀半ばから12世紀半ばに話されていた古期英語では、アーモンドと砂糖をこねたものを「マーチペイン（marchpane）」といった。

16世紀のヨーロッパではマジパンが広く作られており、なにかの材料として使うこともあればマジパン単独で食べることもあり、どちらにしてもおいしかった。さまざまに造形できるマジパンは、中世の宴席で目を楽しませる細工ものに使われ、イングランドでは16世紀から17世紀にかけて、マーチペインがさまざまな祝いの席に出すものだとされていた。そうした場合は、マーチペインを押して大きな円盤形にして縁にひだを作り、砂糖とローズウォーターで作った砂糖衣をかけ、「コンフィット」［ドライフルーツやナッツ入りの糖菓］や金箔や、型に押して成形した鳥や動物などのかわいく美しい像を飾る。

こうした円盤形のものは今も、マジパンを名産とするドイツで作られている。とくにリューベックではマジパンが名物とされ、19世紀初めにヨハン・ゲオルク・ニーダーエッガーが創設した会社が今も高品質のマジパンのお菓子を作っている。マジパンのブタはクリスマスや新年によく使われ、繁栄や幸運をもたらすとされている。

マジパンで作ったお菓子はヨーロッパ全域にある。なかにはスペインの「フィグリタス・デ・マサパン・デ・トレド」のように一見マジパンとはわかりづらいものもあるが、これは修道院が作るお菓子が起源だ。シチリア島の「フルッタ・ディ・マルトラーナ」は本来は前者とは別の修道院のお菓子で、マジパンで作った果物や野菜に鮮やかな色が塗られている。オスマン帝国時代のトルコでは、マジパンの上からトラガントガム溶液と砂糖シロップを塗ったものを作った。フランスでは、果物、野菜、シーフードその他、かわいらしく美しいさまざまな形のものをマジパンで作っている。昔は、非常に手の込んださまざまなタイプのマジパンが熟練の菓子職人の手によって作られた。1820年のレシピには、アーモンドをくるんだシュガーペーストを型に入れて桃の「種」を作る方法や、さらにこの「種」をアーモンドペーストでくるんで型に入れ、桃を作る方法、またこの桃をアイシンググラス［魚類の浮袋から作るゼリー］に浸し、表面がやや柔らかくなった熟れた桃を表現する手法などが書かれている。摘みたての花を模す場合には、デンプンを軽く振りかけた。

◉砂糖衣とコンフィット

砂糖菓子には、スパイスやナッツを砂糖衣でくるむタイプのものがあり、中東やヨーロッパでは祝祭向けとして重要なお菓子だ。かつてこうしたお菓子はコンフィットや「シュガー・プラム」と言われたが、今ではアングロフォン世界ではこうした砂糖衣のお菓子をひとつにまとめたジャンルはない。もっとも、現在はこれから発展した砂糖衣をかけたアーモンドや「アニシードボール」、「グッド&プレンティー」、「ゼリービーンズ」、「エム&エムズ」、「スマーティーズ」、「ミント・インペリアル」、「スプリンクル」といったお菓子があり、そうした形で今も人気を誇っている。菓子職人はこれらをパンワーク［回転している釜（パン）のなかでナッツ類やゼリー、キャンディなど芯になる

ジャン・ル・ロン・ダランベール、ドゥニ・ディドロら『百科全書』より、『菓子職人の店
シュガープラム（コンフィット）をなめらかにする工程』（銅版画。18世紀半ば）

ものを転がしてチョコや砂糖衣をかけたもの」（これを作る工程をパニングという）と呼ぶか、フランス語の「ドラジェ」［糖衣菓子のこと］としている。

パニングは古い技術であり、おそらくは昔ヨーロッパでハチミツをまぶしたことがはじまりだろう。この手法は南西および中央アジアにも普及している。起源はどうであれ、この手法を使ったお菓子は中東でも知られていた。当初はアジアから、のちにはヨーロッパの薬剤師が作ったものを輸入したのだ。砂糖と、なかに入れるさまざまな種子などは当時医療に利用されていたが、パニングの技法は今も、製薬業界では糖衣錠に使われている。

第1章でも記したように、「コンフィット（comfit）」という言葉は「菓子（confection）」と同じ語源をもち、イタリア語の「コンフェット（confetto、複数形はconfetti）」（本来は小さな砂糖菓子の意味）のように、他の言語にも似た言葉がある。きれいに装飾して種類も豊富なコンフィットは祝いのお菓子とされるようになり、形式ばった食事の席や祝祭で配られた。コンフィットはまた中世末期の家庭では消化を助けるものとして重要な役割をもっていた（現代において夕食後にミントのタブレットを摂るのと似ている）。

コンフィットの作り方は大筋は簡単だ。スパイスやナッツ、小さく切った果物や砂糖のペースト、ゼリー、チョコレートや果物の砂糖漬けの上に砂糖シロップを薄く伸ばしたものを層にしていく。産業革命以前の時代によく使われた材料としては、たとえば、近世にイギリスで大人気だったキャラウェイシード［香辛料の一種で甘い香りとほろ苦い味がする］があった。こうした芯をパン（釜）に入れて揺するのだ。

天井や梁《はり》から、中央にフックとスイベル［一方が自由に回転できるようになっている接合部］がついた棒に2本の鎖で大きな銅釜をつるし……適度な熱さを保って……前後に揺らす。(11)

パンのなかで種子類をかき混ぜながら熱して乾燥させ、そこにシロップをくわえて湿らせる。このときのシロップは沸騰する最低温度の100℃をやや超える程度の温度だ。シロップをくわえるたびに、職人はパンを揺すって種子類を動かし続け、かき混ぜながらシロップをまぶす。水分が蒸発すると、種子のまわりに薄い不透明の砂糖衣が残る。この工程を何度も繰り返すうちにコンフィットは大きくなる。簡単に聞こえるが、厚みが一定のコンフィットを作るには技術を要する。何度かシロップをくわえたら乾燥させなければならず、そうしないと灰色がかったコーティングになる。またシロップの温度が1、2℃異なるだけで美しくなめらかな表面（フランス語で「ペルレ」）になるか、ぶつぶつができて「でこぼこ」（フランス語で「リセ」）したものになるかが違ってくる。

17世紀の博学者であり発明家でもあるサー・ヒュー・プラットは、一般的なものとは少し異なるコンフィットづくりの工程を書き残している。芯にする材料は、アニシード［セリ科の植物アニスの果実］、コリアンダーシード［セリ科の植物コリアンダーの種子］、キャラウェイ、フェンネル［セリ科の植物］、シナモンスティック、オレンジの外皮、スパイスをくわえたパン粉のペーストや粉砂糖自体といったものだ。着色料をくわえて砂糖シロップにさまざまな色をつけ、表面の食感もいろいろだ。何百年ものあいだには小さなものだけでなく大きなタイプのコンフィットも作られたが、大型のコンフィットは砂糖を多く必要とし、価格が高くなる点が問題だった。

フランスはコンフィットづくりの中心的存在となった。すでに13世紀には、ヴェルダン［フランス北東部、ロレーヌ地方の都市］がそう評されている。メッスやナンシー、トゥールーズやパリもコンフィットづくりが盛んで、ブルゴーニュ地方のフラヴィニーではアニスのコンフィットが修道院の名菓となった。

コンフィットはポルトガルから日本へと持ち込まれ、今でも日本では、「金平糖《こんぺいとう》」という表面がでこぼこした小さな丸い砂糖菓子が作られている。これは「小さな球体のトフィーで……表面はぶつぶつしており、砂糖と水と小麦粉で作る色とりどりの菓子だ」(12)。金平糖という名はポルトガル語の「コンフェイト（confeito）」が由来であり、コンフェイトもまた、本来は種子やゴマやケシの実を芯に入れた砂糖菓子だ。

固いコンフィットにも、形や色、仕上げ方が異なるさまざまなタイプのものがある。小石のようなコンフィットは芯に使ったものの形がそのまま現われており、コリアンダーを使ったものは丸く、キャラウェイは楕円、アーモンドは卵形、シナモンスティックは細長い（「長い」コンフィットにはシナモンスティックを芯に入れる伝統があった）。近世のヨーロッパの人々はでこぼこのコンフィットに非常に魅力を感じたようで、静物画の題材にもよく使われている。やがてでこぼこしたコンフィットは欧米では人気がなくなったが、今も職人が手作りしている地域では生き残り、たとえばアフガニスタンには「ノクル」がある。この糖衣アーモンドは小さな砂糖粒が大量についていて、毛玉がくっついているかのようだ。

コンフィットの基本の色は白で、近世には、白に組み合わせる色として赤い（植物性顔料やコチニール［エンジムシのメスからとる染料］で着色する）コンフィットを作ることが一般的だった。着色にはサフラン（黄色）とほうれん草（緑）も使われた。一番鮮明な色が出たのは鉱物由来の顔料で、菓子職人は有害だと知ってはいたが、できるだけこれを使わないようにしていたかというと、そうでもなかった。19世紀半ばには、コールタールを原料にしたきれいな色が出る新しい着色料（タール色素）が登場し、現在あるような虹色のコンフィットも生まれた。

コンフィットのなかで一番小さいものが「ノンパレル」（ノンパレイユ）［製菓用の小さな丸い砂

糖粒」で、英語圏では「ハンドレッズ・アンド・サウザンズ」や「スプリンクル」と言ったほうがわかりやすい。ノンパレルは砂糖の結晶を芯にしたもので、これを使って菓子職人はお菓子にさまざまな色をくわえることができる。子供たちの目にはなんとも不思議に映るが、この小さな砂糖菓子はよくケーキやデザートに散らすのに使われて、お菓子を美しく飾っている。色とりどりのノンパレルだが、作るときには色ごとにパニングし、あとでそれを混ぜるのだ。こうした小さなコンフィットは非常に大型のコンフィットの芯にもなる。イギリスで「ゴブストッパー」、北アメリカでは「ジョーブレーカー」と言われる大粒のペニーキャンディ［1ペニーあれば買えるような安いお菓子］がそうだ。これはとてもおもしろいキャンディだ。小さくなっていくと色が変わり、子供たちは何度も口から出しては色を確かめることになる。この魔法のようなキャンディは、菓子職人がほかの菓子づくりの際に残ったシロップを使う習慣があったことから生まれたもので、このため思いもよらない色の層ができたのだ。

19世紀には砂糖の価格低下と機械化がコンフィットの生産に影響をおよぼした。機械化した新しいパンが導入されたのは、19世紀半ばのパリだった。

ボールやオレンジを1/3切り取ったような形状のパンは、壁が二重になっていて、内壁と外壁とのあいだの全面に蒸気が通る。傾斜したパンは回転するものもあれば、そうではなく振動するタイプもある。(13)

ドラジェ生産用の蒸気パンを回転させて作業しているところ。フランスのヴェルダン、1926年。

蒸気がパンを一定の温度で熱し、またパンを動かした。パイプでほこりと水蒸気を排出する仕組みも備わっていた。パニングと乾燥の工程は交互に行なうことが必要だった。どちらも熟練の菓子職人が手作業で行なう場合、最大量でも1日に完成する砂糖菓子は23キロほどだったが、工場での生産がはじまり19世紀末になると、経験豊富な労働者ひとりで「12個近いパンを管理し、1週間に3〜4トンの砂糖菓子を生産する」までになっていた。また清潔で、火で加熱する旧来の工程よりも危険も少なくなった[14]。

パンワークは今にいたるまで、特殊な分野のお菓子として続いてきた。20世紀になるとパニング生産の部門がない菓子工場も増えたものの、これに力を入れる工場も存在した。アーモンドやピスタチオや松の実などのナッツを使った伝統的なコンフィットは今も多数あるし、北アメリカでは、砂糖衣のピーナツは〈エム&エムズ〉社の主力商品だ。小さなノンパレルは18世紀から生産されているチョコレートドロップの上に散らし、きらきらと輝くドラジェはケーキを飾っている。

スパイスを使ったコンフィットは今も販売されている。フランスにはなめらかで薄い色のアニスのコンフィットがあり、イギリスにはもっとアニス風味が強く、赤い色のアニシードボールがある。「リコリストルペード」(イギリス)やグッド&プレンティー(北アメリカのブランドで19世紀後半に誕生)はコンフィットの長い歴史に連なるものだ。シナモンの風味が強烈な「アトミック・ファイアーボール」は、北アメリカの子供たちにとっては食べるのに勇気を要するおやつだ。だがなんと言っても、見た目は少々違っていてもこれぞコンフィットの現代版と言えるのは、「芯にミントを使って特殊な技術で何百もの薄いバニラの層でコーティング」した「チックタック」だろう。[15] 1969年にイタリアの〈フェレロ〉社が開発したお菓子で、いたるところで大量に売られているのは、まさに昔のコンフィットと同じだ。

ヨーロッパと北アメリカのパニングは20世紀になると新しい方向に発展した。菓子職人はパンの大きさと形状、それにパン内部の仕様と回転するスピードによって、これまでとは異なる製品ができることを発見したのだ。グルコースシロップを使うと、やわらかな食感のコンフィットづくりも可能になった。このコンフィットには高速で回転する小型のパンを使い、やわらかなシュガーペー

〈ジェリーベリー〉社の「オリジナル・グルメ・ゼリービーンズ」。アメリカではディスペンサーで販売されている、2016年。

ストや小さなゼリー球の芯にシロップをからめていった。この技術から、新世代のコンフィットが生まれていく。

北アメリカで人気のゼリービーンズは20世紀に入ってすぐできたもので、芯にはデンプンを固めたものが使われている。ペニーキャンディのひとつでもあるゼリービーンズが1980年代に大人気となったのは、ひとつにはアメリカ大統領ロナルド・レーガンがこれが大好物と言ったことがあり、また〈ジェリーベリー〉社の「ジェリーベリービーンズ」（小さく色鮮やかで華々しく売り出された）という商品が登場したのも一因だ。21世紀になると菓子業界は文学作品に登場するお菓子を拝借し、《ハリー・ポッター》シリーズの人気にあやかって「バーティー・ボッツの百味ビーンズ」を売り出した。

新世代のコンフィットにはチョコレートも使われた。チョコレートを薄くぱりぱりとした砂糖の層で包み、最後に鮮やかな色の砂糖でコーティングする。イギリスでは、〈ロウントリー〉社が1882年にこうした商品を「チョコレートビーンズ」として発売し、1937年には「スマーティー」と改名して、それ以降人気の商品だ。北アメリカの子供たちは「エム＆エムズ」（M&M'S）を食べて大きくなる。社名にあるふたつのMは、フォレスト・E・マース（Forrest E.Mars）と〈ハーシー〉社社長の息子であるブルース・ムリー（Bruce Murrie）のふたりの頭文字をとったものだ。ジョエル・グレン・ブレナーはその著書で、〈エム＆エムズ〉は「第二次世界大戦中に、チョコレートバーが溶けてしまうような熱帯の気候に駐留する兵士のために特別に作られた、戦争から生まれた菓子」なのだと述べている。(16)

◉プリザーブ

砂糖と果物で作り、広く普及しているお菓子はコンフィットだけではない。世界中で、地域特産のものから厖大な種類のプリザーブ（果物の砂糖煮）やペーストやゼリー、ジャムや砂糖漬け果物が生まれている。これらは、本来は夏の豊富な収穫物を冬に向けて保存したり、果物がもつと考えられている医療効果を増そうとして作られ、それがやがて贅沢でおいしいお菓子となったものだ。世界の主な料理文化にはすべてこうしたお菓子があり、ヨーロッパとアジアでははるか昔から、またそれ以外の地域ではヨーロッパの影響を受けて発展させてきた。その地の文化において重要視さ

深紅の「ゴイアバーダ」（グアバペースト）のブロック。ブラジルのミナスジェライス州の屋台で売られている。これは、ポルトガル伝統のマルメロに代わりグアバを使った熱帯版のプリザーブだ。

れる果物や花や野菜を使うことで、おのずと種類は豊富になる。

過去において、果物の保存は菓子職人にとって重要な作業だった。ヨーロッパや北アメリカでマーマレードやジャムやゼリーを作る習慣は、ハチミツや「デフルトゥム」（ブドウ果汁を煮詰めたもの）に漬けてマルメロを保存したことに発するものだ。これから果物とシュガーペーストの組み合わせが生まれ、その結果、イギリスの朝食のテーブルに柑橘《かんきつ》類のプリザーブがのることになった。もともとあったマルメロのプリザーブにも地中海周辺諸国には独自の作り方があり、「マルメラータ」（ポルトガル）、「メンブリージョ」（スペイン）、「セフェルジャル」（アラブ諸国）などがある。マルメロは比較的保存しやすく、ミシェル・ド・

ノストラダムスによると、輝かんばかりの「東洋のルビーのような」赤いプリザーブになったようだ。この文句は今も「コティニャック・ドルレアン」に使われている。これはフランスはオルレアン地方の伝統菓子で、大小の丸い木の小箱や丸い缶に詰めた赤いゼリーだ。

シロップ漬けの果物のレシピは過去の文献に多数残っているが、缶詰や冷凍の技術が生まれたことでこうして保存する必要はなくなった。今では果物のペーストやゼリーや砂糖漬けを作るのはもっぱら菓子職人だ。とはいえ地中海沿岸東部の一部の国々では、「スプーンスイーツ」［果物のプリザーブのこと。スプーンですくったものを供することからこういう］は昔も今も、歓迎の気持ちを示す重要な品だ。宮廷菓子職人のフリードリヒ・ウンガーが１８３０年代にこう述べている。

ギリシアにかぎらずヨーロッパ側のトルコや東方全域で、主婦は客を迎えると必ずプリザーブ（「シェルベット」）を供する。これをスプーンですくったものを出し、その後水やタバコのパイプ、あるいはコーヒーを勧めるのだ。(17)

これは今も残る儀式ではあるが、タバコのパイプは以前ほど勧められていないようだ。

最高級のプリザーブとは丸ごと砂糖漬けにした果物で、煮た果物をそっと砂糖シロップに漬けて作る。何日も漬け込むうちにシロップ中の砂糖の濃度がしだいに高まり、その結果、浸透圧で果物の分子から水分が排出され、かわりに砂糖が果物に浸透していく。しっかりと砂糖漬けした果物はシロップに入れた状態で保存がきき、これは昔は英語で「サケード」や「サケット」と言われたお菓子で、またシロップから取り出して乾燥させることも可能だ（これは砂糖を使わずに干したドライフルーツとは別物だ）。このプリザーブは何百年にもわたり贅沢なお菓子として食べられてきた。1950年代にはエリザベス・デヴィッドがこう述べている。

イタリアのプリザーブや砂糖漬けの果物はすばらしい。まるごとのパイナップルやメロンや柑橘類やオレンジ、イチジク、アプリコットや赤や緑のプラムに梨、それにバナナも皮ごと高い技術で砂糖漬けにしている。これらがジェノヴァやミラノの店に並んでいる様子は驚愕する。(18)

過去には、ここに書かれている以外にもさまざまなものが砂糖漬けにされていた。「マロングラッセ」は今もフランスの名菓であるし、濃い緑色のアンゼリカ［セリ科の植物］の砂糖漬けもそうだ（これに似たものではレタスやゼニアオイの茎を砂糖漬けにしたお菓子があり、これを薬として使う習慣があった）。またショウガの根もシロップ漬けにした。ショウガはヨーロッパのはるか遠くから到来した植物で、インドシナが原産だ。中世には、薬剤師が利用したショウガは3種類あった。コロンバイン、ヴァラダイン、それにマイカインだ。これらはクイロン（インド西岸にあるコッラムのこと）やメッカにちなんだ名で、この3種類はすべてプリザーブにされた。

花びらもまたプリザーブづくりに使われた。その香りが重宝されたのだ。バラやスミレやオレンジの花はみな砂糖シロップで煮て、できたものはプラリーヌと言われることもあった。花びらを温かなシロップに入れておき砂糖漬けにする方法もあった。ルリジサ［ヨーロッパ原産の植物で香料やサラダに使われる］やキンセンカその他の花が砂糖漬けにされ、彩りや風味を楽しみ、また医療用にも使われた。フランスやスペインその他の国々では、砂糖漬けのバラやスミレは今も一部の菓子職人が作る名菓だ。トルコの「ギュルブシェケル」は砂糖とバラの花びらで作ったプリザーブだ。

アジアでは今もさまざまな植物をプリザーブの材料に使う伝統が残る。スイカの皮やナス、サワーチェリー［酸味の強いサクランボの総称］のプリザーブは中東の名産だ。ウリ科植物やカボチャの砂糖漬け「クムラ・ミタイ」は南アジアで人気だ。ハルダー夫人は『ベンガル地方の砂糖菓子 *Bengal Sweets*』（1921年）のなかで、新鮮な白カボチャでこのプリザーブを作るレシピを教えている。小さなキューブ状に切ったカボチャを水に浸してミョウバン溶液で煮て、湯を捨てカボチャを洗い、やわらかくなるまでシロップで煮て、バラのオイルで香りをつける。乾燥させると長期保存ができた。ライムウォーターやミョウバンを使うことでとてもジューシーな食感になり、ガラスのように透明になって苦味もとれる。おいしいおやつにもなるが、夫人は「このプリザーブは回復期の病人によく処方される」と書いており、ミシェル・ド・ノストラダムスもこの400年前に同じことを述べている。ノストラダムスが残したレシピには「このカボチャのプリザーブは非常においしく……熱をさます薬としても有益である……心臓や肝臓が熱をもったときにそれを下げる

さまざまなドライフルーツや砂糖漬けの果物。ドイツの店に陳列された商品、2014年。

のだ」という記述がある。[19]

果物のプリザーブは中国においてもずっと人気を保ってきたお菓子で、昔から作られてきた（20世紀にイギリスで人気があった「チャイニーズフィグ（中国のイチジクの意味）」はイチジクのゼリーを使ったお菓子で、中国との関連はまったくない）。13世紀には砂糖漬けのオレンジが中国で記録されているし、17世紀には砂糖漬けの果物が中国からフィリピンにいるスペイン人のもとへと輸出された。1840年代にはイギリス人旅行者のモンゴメリー・マーティンが、「中国では粟粒《あわつぶ》やタケノコ、ショウガなど、食べられるものはほぼすべて砂糖漬けにしており、これらは通りで売られ、またインドやアメリカ、南アメリカをはじめさまざまな国に輸出されている」と書いている。[20] マーティンのリストにはトウガンやスイカ、オレンジ、タンジェリン［ミ

砂糖漬けの果物と種を盛ったボール。ベトナムの旧正月テトにおける祝祭の食べ物。

カンに似た果物」、キンカンやプラムの砂糖漬けも記載されている。砂糖漬けは今も多様なものが作られており、私は1990年代の香港で、プラムやキンモクセイ（学名 Osmanthus fragrans）の実、レンコン、メロンその他のウリ科植物の砂糖漬け、それに小さなレモンやオレンジの皮の砂糖漬けを買った経験がある。だが正真正銘アジア原産の果物を使った砂糖菓子のなかには――たとえば現代の東南アジアの製菓産業が生み出したドリアン風味のキャンディなど――英語圏で人気を博すのがむずかしいものもあるだろう（ドリアンは強烈なにおいをもつことで知られ、慣れていない人には耐えがたい）。

フィリピンにはフィリピン本来の伝統と、中国がおよぼした影響、400年におよびスペインの植民地であった歴史、それに50年続いたアメリカの政治支配という背景があり、これらが製菓産業の発展に大きくかかわってきた。こうした影響のもと、果物やウベ（ムラサキイモ）を使った砂糖のペーストが発達し、大型の果物は砂糖漬けの技法でシロップに漬けて保存した。近年まで柑橘類の皮に凝った模様を彫ることもあったが、これは17世紀のヨーロッパでかつて流行した趣向だった。砂糖漬け果物やフルーツペーストはまたラテン・アメリカのお菓子のなかでも重要な位置を占め、とくにメキシコではよく使われている。

日本には独特のお菓子がある。豆を砂糖漬けにしたものは甘納豆、小豆で作る甘いペーストである餡《あん》は、炊いたコメをついて作る「餅」や、ウエハースの殻である「最中」などさまざまな甘いお菓子のフィリングとして使用する。

◉牛乳

牛乳は伝統のある重要なお菓子に多く使われている。ラテン・アメリカのお菓子である「ドゥルセ・デ・レチェ」もそうだ。このお菓子の作り方は、砂糖入りのコンデンスミルクの缶を熱湯で数時間温めるだけというシンプルなものだが、昔は牛乳を鍋で煮詰めなければならなかった。こうすると牛乳は薄茶色のとろりとしたものになり、牛乳が含む乳糖（ラクトース）に砂糖がくわわることでカラメルのフレーバーが生まれる。お菓子としてだけでなくケーキやクリームなどほかのお菓子の材料としても使われるドゥルセ・デ・レチェはほかにも多くの名をもつ。「メキシコの『カヘ

メキシコで大人気のグロリア。ドゥルセ・デ・レチェで作った粘り気のあるキャンディ。

ータ』（昔これを入れて売った木の小箱に由来する）、ペルーとチリの『マンハール』（「繊細」の意味）、ブラジルの『ドセ・デ・レイテ』、そしてコロンビアの『アレキーパ[21]』。煮詰める時間を長くするとファッジのようなものができる。メキシコではファッジタイプのものに「ハモンシリョ」や「グロリア」があり、グロリアは粘り気のある、ファッジに似た大ぶりのキャンディの商品名だ。これにはヤギの乳ときざんだピーカンナッツを使っている。

フィリピンでは、煮詰めた牛乳を使った砂糖菓子に「パスティリャス・デ・レチェ」がある。ラテン・アメリカのこれに類したお菓子とは違い、フィリピンのものは小さく、ほとんど白に近い色の棒状で、精製糖をまぶしている。風味や食感がとくによいというわけではないが、昔から、このお菓子に施す美しい包装はすばらしい。

祝祭用のテーブルのセンターピースにはいつも、パス

フィリピンのパスティリャス・デ・レチェ。お祝いに使う伝統的な切り紙で包装したもの。

ティリャス・デ・レチェを盛った3段の菓子入れがおかれ、パスティリャス・デ・レチェはどれも色とりどりの薄紙でくるまれている。薄紙には花や葉、鳥、蝶の模様に切り抜かれている……レースのような紙の裾《すそ》が皿から垂れて……甘さと美しさの両方を際立たせている。(22)

ファッジと同様、こうした牛乳を使った砂糖菓子の起源についてははっきりしたことはわかっていない。南アメリカとフィリピンはどちらもスペインに植民地とされた歴史をもつため、イベリア半島に起源をもつ可能性もあるが、スペインの文学や文化にはこうしたお菓子の起源となるようなものがこれといって見当たらない。

インド亜大陸には、牛乳を菓子づくりの重要な材料とする伝統があり、この牛乳は畜牛から搾った聖なるものだ。牛乳から作ったギーは、ヒンズー教の信仰とインドの厳格な身分制度（カースト）においてはとくに重要とされている。ギーを使用することでカーストの下層の人々が作る食物は「穢《けが》れがないもの」となり、上層の人々でもそれを口にできるようになる。紀元前の10世紀のあいだに、乳製品を神聖なものとする考えと製糖と加工の技術がインド亜大陸で発展したが、そのいきさつは、さまざまな言い伝えや神話や歴史が絡み合っていて明確なものではない。インドに残るいくつかの文献ではそれに関する記述が異なり、そこにある甘い食物を意味する言葉や砂糖と思われる言葉も、それだと断定されているわけではない。

インドの砂糖菓子を分類しようとしても不可能に近い。同じインド内でも社会状況や食物文化は多様であり、お菓子は欧米のように食事とは別に食べるものというよりも、ほかの食べ物と同列にあつかわれている。また「トルコから中東、中央アジア、インドまでの広い地域に、同じようなタイプの菓子もいくつかある。……どこに行っても人気があるのは、『バルフィ』、ラドゥ、『ジャレビ』、ハルヴァといった砂糖菓子だ[23]」。さらに、ひとつの町やごく狭い地域でのみ食べられているお菓子もある。

だが何千年ものあいだ、インドでは牛乳とハチミツか砂糖を組み合わせて甘い食べ物を作ってきたというのは確かだ。「牛乳から生まれる宝物」（インドの料理家ヤムナ・デヴィがこう呼んだ）にはギー（澄ましバター）、「コア」（コンデンスミルク）、「チェナー」または「チャナー」（新鮮なチーズカード［フレッシュチーズの一種］）などがある。ギーとコアはインド全域で風味と食感を出すために用いられている。牛乳は鍋で絶えずかき混ぜながら、本来の分量の半分、1/3、1/6、1/8になるまで煮詰め、各段階のものにそれぞれ違った用途がある。コアは1/8まで煮詰めたもので、もっとも濃縮された、カラメル色の甘いペーストだ。熱が冷めて固まったら、これを材料に独特の牛乳菓子を作る(24)。砕いてふるいにかけたものを使うのだ。家庭では、商業生産された粉末牛乳で代用することもある。

コアはバルフィと総称される菓子になくてはならない材料で、ペルシャ語の「氷」を意味する言葉からの借用語［ある言語から別の言語にそのまま取り入れられた語］だ。砂糖と煮詰めた牛乳で作るバルフィは欧米のファッジに似た風味と食感だが、色はもっと薄い。バラエティに富み、ピスタチオやアーモンド、カシューナッツ、グラムフラワー（ヒヨコ豆粉）などのフレーバーのものがある。何百年ものあいだにこの砂糖菓子に生じた最大の変化は、簡単に作れるようになったことだろう。

バルフィ自体は生まれたときからほとんど変わっていないが、20世紀になると粉末牛乳が登場した……。現代では牛乳を煮詰めてペーストを作るのではなく、粉末牛乳をフレーバーのついたシロップに入れてかき混ぜれば、あっという間にペーストができる(25)。

南および東インドでは、ココナッツをベースとした菓子「ラスカラ」にもコアを使う。一見ココナッツアイスのようだが、それを裏切るかのように、ブラックペッパーと樟脳《しょうのう》という非常に変わった味がする。「ペラ」または「ペダ」は球形や円盤状のコアで、花の図柄が刻まれているものが多い。インドの多くの地域にあり、コルカタでは女神カーリーへの供物として重要なお菓子だ。

現代のインドでは、やわらかい食べ物やクリーミーな食感をもつ料理や「クルフィ」(アイスクリーム)など、幅広い食べ物がお菓子とみなされている。ほかにも、揚げてから冷たいシロップに浸したお菓子もあり、こうしたお菓子の作り方はヨーロッパや北アメリカのキャンディとはまったく関連性がないことは確かだ。揚げてシロップ漬けにしたお菓子のなかで一番有名なものが「グラブジャムン」で、煮詰めた牛乳と小麦粉のペーストで作る。またジャレビはベサン(ヒヨコ豆粉)を加えたバッター[小麦粉、牛乳などを混ぜ合わせたもの]をねじったものだ。「パク」は南インドの町マイソールの有名な砂糖菓子で、炒ったベサンをバターの入ったシロップにくわえて泡立つまでかき混ぜる。これは冷えると固まり、ぽろぽろとした食感のものになる。ラドゥはインドの代表的な食べ物のひとつでもあるお菓子で、作り手や地方ごとの違いはあるものの、ギー、ベサン、砂糖を使うことではどれも同じであり、イギリスのケーキのように軽食や祝祭用の食べ物などさまざまな場で供される。

ハルヴァもインド亜大陸では各地に独自のタイプがある。クリームをペースト状のファッジになるまで煮詰めて作るが、セモリナ粉を使ったふわふわのプディングのようなタイプや、野菜のハルヴァ(ニンジン、トウガン、ヤムイモやズッキーニ)もある。おいしいハルヴァづくりには高品質のギーが欠かせない。北インドからベンガル地方にかけては甘い食べ物が重要とされ、この地域ではセモリナ粉とヒヨコ豆粉を使ったハルヴァは「モハンボグ」(「魅惑のひと皿」の意味)と言われる。欧米の菓子職人にとってはなじみのない材料が使われることもある。「ムングダル・ハルヴァ」

インドのゴアの店のウィンドウに並ぶ菓子。バルフィが数種類（上の列）、砂糖漬けのカボチャ、クムラ・ミタイ（真ん中の段左）、ヴァルク（銀箔）で飾ったラドゥ（中央）。

「緑豆《りょくとう》のハルヴァ」は、水に浸した生の緑豆を挽き、ギーで炒めて青くさいにおいを消してから牛乳と砂糖とコアと一緒に熱し、仕上げにきざんだアーモンドやピスタチオをくわえ、「真っ赤な花びらを数枚散らして優雅さを出す[26]」。インドのすぐ隣のパキスタンにはカラチのハルヴァがある。半透明で弾力がある食感をもち、ナッツを散らしてある。オレンジや緑、黄色、赤と鮮やかな色合いで、トルコのお菓子「ターキッシュ・ディライト」を派手にしたような感じもする。

ハルヴァ（またはバルフィ）は多種多様だ。固いものや弾力があるもの、色とりどりの板状やくさび形、ひし形のもの、砂糖をまぶしたリング、花びらを刻印した円形のものやシンプルな球状のもの、それにヴァルク（銀箔）を美しく貼りつけたものも多い。こうしたハルヴァは菓子店の店先に積まれ、または屋台に陳列されている。今やイギリスでも、インド亜大陸出身の移民が多い都市ならどこにでもハルヴァを売る店がある。またインドでは、１９６４年創業の有名な製菓会社〈アンバラ・フーズ〉社がハルヴァを生産している。

新鮮な牛乳を凝固させて脱水するチェナーはベンガル地方で作られるものとよく似ており、菓子づくりの伝統のなかではほかとは異質な材料だ。菓子職人は熱い牛乳をライム果汁やクエン酸や乳清で凝固させ、漉《こ》して水を切って塊にする。凝固の工程は牛乳を「切ったり」「裂いたり」するものだと言われ、長いあいだこれは罪悪だとみなされていたため、この技術が生まれたいきさつについては意見はさまざまだ。チェナーを主要な材料としてお菓子を作る習慣は19世紀半ばにはじまったものであり、17世紀にポルトガルの影響を受けたことから生まれた可能性もある。(27)

チェナーは、欧米の人々がデザートに食べるような、シロップに浸したやわらかな砂糖菓子の重要な材料にもなっている。それは「ベンガルの砂糖菓子の女王」とも言われる「サンデシュ」だ。さまざまなタイプのものが生まれており、「すべてをリストアップするのは不可能だ(28)」。サンデシュは賞味期限が数時間から2、3日程度と長持ちしないが、大きさや用途、それに形状のかわいらしさや名前や風味などの面では欧米世界のキャンディや砂糖菓子にも負けない。作る人たちが旧来のものに手をくわえて、サンデシュを今風のものに進化させているのだ。とはいえ変わったのは外見だけで、材料や作り方など本質的なものは昔と同じだ。

チェナーと砂糖をさまざまな割合で混ぜて作るサンデシュは、名状しがたい風味と食感をもつ。

上等のサンデシュはやわらかなチェナーをたっぷりと使ったものだ。チェナーの割合を粉砂糖よりも多くして混ぜ、鍋底からはがれるくらいまで弱火で煮詰める。20世紀初頭には、レモンゼスト［レモンの皮のすりおろし］、ムスク［ジャコウジカからとれる香料］、カルダモン、ピスタチオ、ケシの実、サフラン、バラ、ナッツ、それに当時インドの砂糖菓子では目新しかったココアパウダーなど豊富なフレーバーのサンデシュがあった。新しく登場した「グル（ヤシ糖）」（ベンガルでは冬に採れる）のフレーバーはすばらしい。

市場に並んだグルは、プロの菓子職人に、大きな人気をもつグル風味のサンデシュを作れと促すサインなのだ。このヤシ糖を使った新しいフレーバーのサンデシュは茶色っぽいピンクをしており、ベンガルの人々にはたまらない菓子だ。(29)

サンデシュづくりには美しい形状の型も使う。木や陶器製で、バラの花や車輪、果物、魚の形をしたものなどがある。さまざまなタイプのサンデシュがもつ名前は、形やこれを食べるときの感情、果物と似ていることから生まれた比喩、さらに祈りや祝福といった抽象的なものからとられている。たとえば過去には「国王陛下万歳」や「忘れな草」など、イギリスのインド支配の影響がうかがえる名前もあった。

サンデシュ用の陶器の型でどれも長さは2〜3センチ。インドのコルカタのもの。

サンデシュ。ベンガルの名菓。伝統的な丸い陶器の型で成形し、陶器の鉢にのせたもの。

トンヨッドづくり。溶いた卵黄を煮立てたシロップに落とし熱して作るタイのお菓子。

◉卵黄

お菓子に関して「すてきなものすべて」を紹介するとしたら、次は卵黄を使った独特の菓子づくりだろう。これはイベリア半島の文化とそれに影響を受けた地域で生まれたものだ。タイなどイベリア半島から遠い国にもあるが、それはポルトガルの伝統が起源のものだろう。

鮮やかな金色で豊かな卵の味がして、独特の食感をもつお菓子は、慎重に経過を見ながら作る必要がある。70℃程度で卵黄のたんぱく質が固まるためだ。スペインのイェマ（卵黄の意味）とポルトガルの「オヴォス・モレス」（やわらかい卵の意味）はどちらも卵黄と砂糖を一緒に熱し、半固形にする。スペインでもっとも有名なお菓子が「イェマ・デ・サンタ・テレサ・デ・アビラ」で、聖テレサと、この聖人が生まれた都市アビラにちなんだ名だ。熱したシナモン風味の砂糖シロップと卵黄を冷まし、卵黄サイズの小さな球に丸め、砂糖をまぶして紙の箱に収める。この一般的なタイプのイェマはフィリピンでも作られており、現代版はコンデンスミルクを使っている。オヴォス・モレスは似たような手順で作るが、もっと液体に近い。ポルトガル北部の町アヴェイロの名菓であり、この地独特の、貝殻の形をした紙のように薄くて白いウエハースの皮にこれを詰める。カスタードソースのようなオヴォス・モレスは、ポルトガルとブラジルではこのほか多くのケーキや菓子に使う（北ヨーロッパでは、オランダのリキュール、アドヴォカートを思い浮かべるとよいだろう）。

卵黄とシロップはほかのお菓子にも使われる。「フィオス・デ・オヴォス」（「卵の糸」の意味）は溶いた卵黄を細かい穴が開いた専用の用具を通し、煮立てたシロップに雨のように注ぎ入れて作る。ポルトガルとブラジルでは人気のあるお菓子だが、ポルトガルの影響がほかの地にもおよんでいるのは確かで、日本には「鶏卵そうめん」、タイには「フォイトン」という「金色の糸」を意味するお菓子がある（中央アジアの一部地域で作られている「アブリシャムケバブ」はイベリア半島の影響とはまったく関連がなく、油で卵の糸を揚げてからカルダモン風味のシロップに浸す）。

ポルトガルの「トロウシャス・デ・オヴォス」は熱いシロップで卵黄を熱してシート状にしたもので、棒状に巻くことが多く、それにフィオス・デ・オヴォスを詰め、さらにシロップをかけてつやを出す。トロウシャス・デ・オヴォスはタイの「トンイップ」の起源となった可能性もある。これは独特の方法で小さな星や花の形に作ったお菓子で、「その金色は勝利と富を象徴し……砂糖の甘い味は喜びと幸福をもたらす[30]」。

卵黄を使ったお菓子はおそらくは修道院で作ったものであり、カトリックの布教とともに世界に輸出されたのだろう。一方、マジパンやヌガー、メレンゲやアーモンドをベースとしたペースト、マカルーンなどには卵白が使われている。卵白はワインの醗酵過程の最後に、透明度を増すためにくわえることがあったり、フィリピンではこの地域独特の習慣で、ヨーロッパの植民地だった時代に教会など大きな建物を造るさいに、卵白を石膏にくわえた[31]。卵はあらたに菓子づくりの材料としてくわわり、いつ、どのようにして作られるようになったかについては今も不明ではあるが、卵を使ったお菓子の輝かんばかりの黄金の色は、昔も今も人々を喜ばせるものであるのは間違いない。

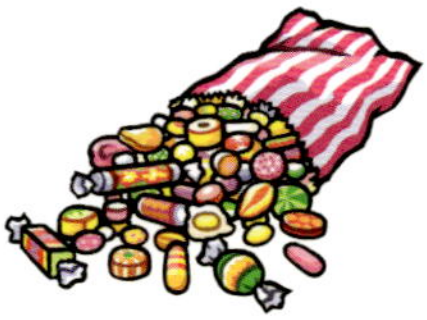

第4章◉特徴のある砂糖菓子

北アメリカとヨーロッパにはとまどうほど多様なお菓子があるが、そのなかにはとりわけ変わったものがいくつかある。香りが強い、泡立つ、酸っぱい、ゴムのような食感、黒や暗赤色などの暗い色、噛んだら吐き捨てるものなどなど。このような、いわゆるシュガーペーストを使ったお菓子の歴史には、はっきりと薬や飲み物との関係がうかがえる。形はさまざまだが、これらはみなガムやペクチン、ゼラチンやデンプンなどのつなぎを使用することで独特の食感や構造となり、一風変わったおもしろさを生んでいる。

◉装飾品としての砂糖菓子

シュガーペーストはマジパン同様、ひとつのお菓子ではなく材料であって、装飾や小さなものを作るのに使用する。16世紀かおそらくはそのはるか以前から、菓子職人は粉砂糖と吸水させたアラビアガム［北アフリカ原産のマメ科アカシア属のアラビアゴムノキの樹液からとるゴム状樹脂］やトラガントガム［中近東産のマメ科ゲンゲ属の樹木の樹液から採った植物ゴム］とを混ぜ、それにスパイスやローズウォーターやムスクで香りをつけてシュガーペーストを作っていたのだろう。作りたてのシュガーペーストは粘土のようだが、乾燥するともろく壊れやすくなる。デンプンや石膏と混ぜた食べられないタイプは純粋に装飾用に作られたもので、染めたり、彩色して金箔を貼ったりする。

中世以降のヨーロッパでは、真っ白で軽いシュガーペーストには非常に価値があった。磁器は希少で陶器はまだ重く頑丈なものが多かった近世には、シュガーペーストで磁器や陶器に見える器を作ることもあった。また銀や金の器や繊細なガラス細工やテーブルクロスなどのリネン類と並び、シュガーペーストは貴重な装飾品だった。イタリアではとくに「トリオンフォ・ディ・タヴォラ」を作るための重要な材料とされた。これは貴族階級の娯楽や目を楽しませるために作る手の込んだ非常に完成度の高い彫刻のことだ。1574年にヴェネツィアで記録されているものはとくにすばらしく、フランスのアンリ3世にコラツィオーネを供したときのものだった。これには「シュガーペーストで作った法王、王たち、枢機卿《すうききょう》、ドージェ［元首］、神々がおり、その周りにさまざまな動物たちが立ち菓子の饗宴を警護している……こうした人形は少なくとも300体はあり、金箔や銀箔が貼られている(1)」。

トリオンフォ・ディ・タヴォラを作るには高度な技術を要し、彫刻家であり建築家でもあるヤコポ・サンソヴィーノもこれを手がけるほどだった。こうした砂糖の彫刻は娯楽としてしだいに複雑で精巧なものになっていく。たとえば王族のために作られたものでは、噴水が出てくるテーブルや、皿やカップやナプキンを収めたサイドボードなど、すべてがシュガーペーストでできていた(2)。こうしたものが供される宴の様子が広まると、ヨーロッパの裕福な人々はこぞってテーブルにシュガーペーストをのせたいと望むようになった。シュガーペーストづくりやそれから繊細な皿やボールや酒杯を作る方法の詳細は、ピエモンテのアレクシスによる『芸術の秘密』といった、「秘訣」を収めた16世紀の書に記された。また工夫を施した小さなものも作られた。クルミの殻は茶色のペーストを型に押して作ったもので、その中に小さなコンフィットや、詩を書いた小さな巻物が収められた。小さなカシュー［口中芳香錠］は、ムスクやアンバーグリス［マッコウクジラの腸内の結石から作る香料］で香りづけしたペーストから作り、甘いものを食べて虫歯になった口をさわやかにした。

トリオンフォ・ディ・タヴォラはその後400年以上にわたり、流行の先端をいくテーブルを装飾する美しい砂糖の細工を生んできた。18世紀のデザートは、パルテール［幾何学的に配置された花壇］を模してしつらえたテーブルの中央に大きな鏡の台を置き、そこにのっていた。そしてそのパルテールは、正しい庭園の形式にのっとって、細部まですべてを砂糖で再現したものだった。小道は砂糖の砂で色づけし、小さなコンフィットが小石の代わりだ。氷砂糖はきらきらと輝き、シュガーペーストを使って果物や花やごつごつとした島、建物や、それらをさらに装飾するものを作っていた。こうした、神や女神やさまざまな人間をかたどった壊れやすい人形はヨーロッパの陶器職人が作る品々に影響を与え、18世紀に磁器が生産されるようになると、何世紀ものあいだに蓄積された砂糖細工のスキルを利用して磁器製品のデザインや技術が発展した。

饗宴のテーブルを飾る建築物のような細工は19世紀初頭に復活し、とくに当時のヨーロッパ随一

アーノルド・ヴァン・ヴェステルハウト、ジョヴァンニ・バッティスタ・レナルディ『キュベレとユノのトリオンフォ（砂糖の彫刻）』（銅版画。1687年頃）

のシェフであり菓子職人であるアントナン・カレームが取り入れて、大西洋の西側で元首や政治家が催すパーティーなど頻繁に見られた。だがこうした華麗さを求める風潮は第一次世界大戦までもたず、それに注ぎ込む金が不足しスキルも失われ、この流行はすっかり姿を消した。シュガーペーストは今ではできあいのものを買えるうえ、こうした既成のペーストはグリセリンやコーンスターチや植物性ショートニング［植物油を原料とした食用油脂］をくわえて成形しやすくしている。「パスティヤージュ」は固くなるペーストで、成形したあとのものを壊れにくくし、正確な造形を長持ちさせたいときに使う。これは今もよく使われている。20世紀後半にはお祝い用のケーキの装飾づくりによく利用された材料だ。ゆったりと

ジョセフ・ジリエ『フランスのカナメリスト *Le Cannameliste français*』(1751年)の挿絵、作者不詳。これは18世紀のテーブル装飾として流行した砂糖で作るパルテール(花壇)のレイアウトを描いたもの。砂糖のパルテールにはシュガーペーストや型押しした砂糖、コンフィットや色付けした氷砂糖などさまざまな材料が使われていた。

したひだをとってケープのようにケーキを覆ったり、穴を開けたりフリルにしたり、作りたい装飾によって技術を使い分け、型に押したり手で成形したりして、とくに花を作るときによく使われた。

◉苦い薬を飲みやすく

シュガーペーストは甘味入りの錠剤(ロゼンジ)にも使われ、薬を飲みやすくした。これは昔からあるシュガーペーストの重要な利用法であり、菓子職人と薬剤師とのかかわりがよくわかる例でもある。薬と、それに合わせるシュガーペーストの分量の割合は決まっており、慎重にこねて切り分けたペーストは、それぞれ一定の分量の薬を含んでいた。これは専門の職人があつかうもので、正確に行なうには常に訓練することが求められた。19世紀半ばにはこうした錠剤づくりは機械化され、J・W・ペッパーがアメリカの特許を取っている。ペッパーが開発した機械はシュガーペーストを作り、こね、型で押して錠剤を作る。つまり、監督者がひとりいれば毎日大量の錠剤ができたのである。

また砂糖にフレーバーをつけるためにプレス機も開発された。シュガーペーストとフレーバー用の材料をひとつにまとめ、高圧で丸い形にして押し出す機械だ。工業生産される菓子製品にはさまざまなつなぎや滑沢剤《かったく》［錠剤を作るときに添加する物質で、なめらかですべりやすくする］や、ブドウ糖の一形態である含水結晶ブドウ糖などの添加物を必要とする。このブドウ糖は、その結晶がペーストの性質を安定させるためよく使われている。プレス機で圧縮成形して作るお菓子には、よく知られているキャンディもいくつかある。ミント・フレーバーのライフセーバーズ（1912年にオハイオ州クリーブランドのクラレンス・クレーンが開発）がそうであるし、1948年にイギリスの〈ロウントリー〉社が売り出した穴あきミント錠のポロもやはりこうした作り方だ。こうしたキャンディのほか、工場ではやわらかな「クリーム」ペーストも生産され、リコリス・オールソーツのフィリングに使われている。このクリームペーストには脂肪とグリセリンが含まれている。

◉干菓子

日本の「干菓子《ひがし》」は欧米のキャンディとは大きく異なる背景をもつ伝統菓子ではあるが、圧縮成形した砂糖菓子に分類できるだろう。上等の干菓子には、イネ科に属する竹糖《ちくとう》（学名 Saccharum sinense）というサトウキビからとる特別な高級砂糖「和三盆《わさんぼん》」を使う。この砂糖は複雑な工程を経て作られる。まずサトウキビの搾り汁を煮詰め、あく抜きをする。この工程でできた茶色の白下糖《しろしたとう》を布にくるんで圧搾して茶色の蜜を取り除き、それから少し水をくわえてこねる。これを3回から5回ほど繰り返し、1週間乾燥させる。これでようやく、上質の干菓子づくりに欠かせない「細かい粒子の最高級の砂糖」ができるのである。(3) この和三盆と米粉を混ぜて色づけし、さまざまな形の型に押し込む。干菓子は見た目に美しく見事に成形、色づけされ、季節に合わせたものも多い。だが欧米の人々にとっては、干菓子とは甘くした生の米粉だ。干菓子はおもに茶の湯に用いるものであり、茶会に招かれた人々がそれぞれ1個ずつ干菓子を取る。干菓子で口のなかを甘くしてから、苦い抹茶を飲むのである。

◉シャーベット

一方イギリスでは19世紀に、シュガーペーストで作り、表面に単語やメッセージが書かれたかわいく小さなお菓子「カンバセーションロゼンジ」が生まれ、流行した。同時期に誕生したのが、重曹、柑橘類、または酒石酸と砂糖を混ぜて作った粉末だ。これを溶かして作るのは、発泡性のレモネードに似たシャーベットという飲み物だ。菓子職人が昔から作ってきた飲み物やアイスをヒントにこの新しい粉末は生まれた。この粉末のもとになったのは、昔からあった「シャルバト」だった。シャルバトは、シロップにフレーバーをつけて水で薄めて冷やしたさわやかな飲み物で、トルコ、ペルシャ、アラブの影響を受けた国々で飲まれ、ヨーロッパでも流行した。これを作る手順を簡略化したのがこの粉末だった。

トルコでは、シロップやフレーバーのついたシュガーペーストや固い砂糖のタブレットが今も残り、プロの菓子職人が作っている。たとえば「ロフサ・シェルベティ」は、「昔から産後の母親の体力を回復させ、母乳の出をよくするために与える、スパイスのきいた温かいシャーベット[4]」だ。だがこうした飲み物は、ビン入りの炭酸飲料にとって代わられつつある。そうした炭酸飲料が、イギリスのシャーベットが誕生するきっかけとなった発泡性のレモネードから発展したものであるのは皮肉な話だ。

粉末シャーベットからは、子供向けの安価な砂糖菓子も作られた。シャーベットとカンバセーションロゼンジづくりのアイデアとを組み合わせて生まれたのが、圧縮成形したタブレット菓子の「ラブハーツ」で、イギリスでは子供時代に必ずといっていいほど食べる砂糖菓子だ。粉末シャーベットは、レモン味のキャンディであるシャーベットレモンのフィリングにしたり、袋に棒付きキャンディと詰め、キャンディをシャーベットにつけてなめシュワシュワ感を楽しんだり、紙の筒に入れたシャーベットをストロー代わりのリコリスで吸ったりした。北アメリカではシャーベットはアイスへと発展し、ヨーロッパ大陸では氷菓のソルベとなった。イギリスではソルベは優雅なデザートだが、シャーベットは子供が食べる安価なお菓子として今も存在している。

◉リコリス

リコリスも子供時代に食べる代表的なお菓子で、これは地中海とアジアの一部が原産のカンゾウ［英語名はリコリス］（学名 Glycyrrhiza glabra）の根の抽出物から作る。乾燥させた根は甘みが強く、かつては薬剤師にはなくてはならないものだった。カンゾウには咳や風邪を治す効能がある。だがそれをリコリスというお菓子にする場合に使うのは、カンゾウのエキスをコールタールのようなつやのある固形物「ブロック・ジュース」になるまで煮詰めたものだ。カンゾウから作った砂糖菓子は、西ヨーロッパ諸国、アメリカ、オーストラリア、ニュージーランドでは子供が通過儀礼として食べるものだ。真っ黒なものが主流だが、地域によっては半透明の茶色、または暗紅色《あんこうしょく》で、土のような味はほかのエッセンスでいくらかまぎれ、これにはアニシードがよく使われる。塩味をくわえる国もあり、慣れていないとなんとも言いようのないフレーバーだ。スカンジナビア諸国で人気のフレーバーは「サルミアッキ（salmiakki）」と呼ばれる。塩化アンモニウム（sal ammoniac）に由来した名であり、これを材料とすることで独特の塩味をもつ。オランダでもまたこのタイプのリコリスが熱狂的支持を受けており、これを「ドロップ」と呼ぶ。

オランダは……リコリスの国だ。何十という種類があり、形も大きさもさまざまで固さもいろいろ。甘いものも塩味のものもあるし、ベイリーフなどのエキス入りもある。それにリコリス本来のフレーバーを邪魔しないかぎり、ハチミツ入りもおいしい。オランダでは「エンヘルセ・ドロップ（イギリスのリコリス）」といわれるリコリス・オールソーツは、ものたりないものとされあまり人気がない。(5)

リコリスのさまざまな食感――固いものやもちもちとしたもの、あるいはゴムのような弾力のあるもの――は、砂糖とリコリスエキスと風味づけの材料をつなぎ成形するものによって異なる。小麦粉を使えばイギリスのリコリスのように伸びて弾力性のあるものになるし、オランダのドロップのようにさまざまなかわいらしい形を作り出せるつなぎはガムだ。リコリスにはイギリスの「ポンテフラクトケーキ」（イギリス伝統のリコリス）のようにボタンやコイン形に変わった模様をつけたものや、不吉な黒猫や楽しい農園やサーカスの動物や、シンプルなひし形のものやヘビのようにとぐろを巻いたものなどがあるが、真っ黒であることが多い。他の砂糖菓子が色とりどりであるのとは対照的だ。

小さな黄色い缶に入ったフランスのカシュー・ラジョニー（本来は口をさわやかにするブレスフレッシュナー）やザン（現在は〈ハリボー〉社が所有のブランド）、イタリアのアマレッリ（1731年発売）、イギリスのとてもフレーバーの強いフィッシャーマンズフレンドやティックス、インプスなど、リコリスにはさまざまな形の小さなタイプがたくさんあり、小さなリコリスには、薬とされていた時代がしのばれる。イギリスの主要ブランドは〈バセット〉で、ここが販売するリコリス・オールソーツがモダニズム［20世紀初頭に起きた前衛的な芸術運動］の影響を受けているのは間違いない。白や明るい色のやわらかなシュガーペーストで挟んだ真っ黒なリコリスのブロックや、短い筒状の黒一色のリコリス、それにアニスフレーバーのボールを小さな青やピンクのコンフィットの粒で覆った「スポッグ」が一緒に袋詰めされ、ポップな色使いだ。

◉マシュマロ

マシュマロはリコリスとは正反対の砂糖菓子だ。白いもの、パステル色のもの、ふわふわの枕のようなもので、甘くて軽い。とはいえ本来のマシュマロは今のものとはまったく別物だった。原料となった「ウスベニタチアオイ（学名 Althaea officinalis）」のエキスは重く苦いペーストとなり、咳や喉の痛みをやわらげる効能をもつ。ウスベニタチアオイに代わってリンゴゼリーが使われるようになり、のちには卵白がこのペーストにくわわり軽いお菓子になったのだ。昔のものに似たタイプのキャンディは今もロシアで作られており、「パスティラ」という。フランスの伝統的な「パート・ド・ギモーヴ」は現在のマシュマロに近く、今は通常ゼラチンで成形し、やや硬めの食感だ。

ゼラチンを使って泡立てた空気のようなマシュマロは「アメリカ人の大好物だ」とイギリスの菓

子職人が20世紀初頭に述べている。(6) 撹拌機と蒸し器つきのマシュマロ専用大釜で材料を撹拌して重労働を軽減し、スターチモールドでバナナなどかわいいマシュマロに成形して、「安い駄菓子」を量産したのだ。1954年には、撹拌した材料をシュートを通して押し出し、同時に小さくカットする技術も導入された。この技術を開発したのはアメリカの〈ドゥマク〉社のアレックス・ドゥマクだ。

マシュマロは、クッキーにのせてチョコレートでコーティングしたお菓子にも使われるようになった。アメリカでは「マロマー」や「ムーンパイ」、イギリスでは「ティーケーキ」と呼ぶ。また手作りの「ロッキーロード」［チョコレートアイスにアーモンドとマシュマロが入ったもの］に使ったり、キャンプでは定番の「スモア」［焼いてやわらかくなったマシュマロをチョコレートと合わせて2枚のクラッカーで挟んだもの］を作ったり、マシュマロのフラフ（マシュマロクリーム）はサンドイッチのスプレッドにもなった。

現代の菓子工場のラインでは、撹拌した材料は考えられるあらゆるものに成形される。ウサギ、花、エビ、毒キノコ、前歯、イチゴ、よじれたコードにネズミもある。アメリカでは、「ピープス」——かわいらしい形でふわふわした、カラフルな色のヒヨコ形マシュマロ——が熱狂的な人気をもつ。

〈ロウントリー〉社の「フルーツグミ」の広告、1952年。20世紀半ば以降、イギリスではフルーツグミと言えばこのイメージだ。

◉フルーツゼリーとグミ

フルーツゼリーとグミは砂糖が食物の保存に使われた伝統から生まれたものだ。こうしたお菓子にはゲル化剤［液体をゼリー状に固めるもの。たとえばゼラチンや寒天などがある］が欠かせない。フランスの優雅なコンフィズリー（菓子店）には今も高価で贅沢な「パート・ド・フリュイ」［果物のピューレをペクチンで固めたゼリー］が並べられ、黄色、オレンジ、赤、そして深みのある濃い紫と、その色合いは宝石のようだ。だが19世紀になると、果物を使ったお菓子も職人の手を離れていった。

イギリスでは「ジュジュブ」［クロウメモドキ科のナツメ「jujube」の実に由来する名で、グミのようなキャンディ］が1830年頃に人気を呼んでいたようだ。この当時、ウィリアム・ガンター（ロンドンの有名な菓子店を経営する一族のひとり）は、香りづけし

〈ハリボー〉社のキャンディを宣伝するキャラバン隊。2015年のツール・ド・フランス期間にフランスのキエヴィーにて。

たグミのお菓子を「甘いゴムでしかない」と表現している。だが20世紀も中頃になると、グミの品質もよくなっていた。作家のコンプトン・マッケンジーが1950年代のグミについてこう述懐している。以前は1ペニーあれば1オンス［1オンスは約28・35g］か2オンス、安いものでは4オンス買えるグミもあったが、「この頃には4オンス買おうとすればポケットの小銭ではとても足りなかった。とはいえ、レモン、ライム、オレンジ、梨、リンゴ、イチゴ、ラズベリーにアプリコットといったグミの品質は高く、あれほどのものは今ではどこに行っても手に入らない……」[7]。

生産者もまた、グミに対しては複雑な思いを抱いた。1890年代には、グミづくりは「あきあきしてうんざりする作業で……小さな菓子屋の儲けにならない」との声も聞かれた[8]。また1950年代のアメリカでは、コーンシロップと料理用デンプン、それに人工香料を使って大量生産した安いグミのお菓子は、菓子業界の信用を損なうものだ、と言った生産者もいた。最高品質のものはアラビアガムを使い、「一度買ったらまた買いたくなるようなすぐれたものだった」(9)。こうしたグミは夏のアメリカではあっという間に売れた。

イギリスでもっとも有名（それに一番売れた）なグミといえば「フルーツグミ」（現在は生産されていない）で、固く半透明でつやがある。「フルーツ・パスティルズ」もこれと似たようなグミだが、もちもちと噛み応えのあるペーストを円盤状にしたもので、カリカリとした砂糖を表面にまぶしてある。どちらも〈ロウントリー〉社の製品で、フランスの菓子職人クロード・ガゲの手を借りて19世紀後半に考案された。

20世紀も時代が進むにつれ、グミと果物の関係は希薄になっていった。イギリスでは、ゼラチンで固めた、19世紀のデザートテーブルに置かれた装飾のような小さく手の込んだフルーツゼリーや、「ワインガム」などさまざまなものが生まれた。ワインガムは実際には酒は入っていないお菓子で、冗談でアルコール飲料の名が表面に押してある。ドイツの子供たちが大好きなグミベアは１９３０年代に〈ハリボー〉社が考案した。この「タンツベーレン」（踊るクマ）はヨーロッパで大きな人気を呼んだが、アメリカでは１９８０年代まで生産されなかった。だがイギリスの子供たちが食べたのはなんといっても「ジェリー・ベイビー」だ。色とりどり、フルーツのフレーバーもさまざまな、赤ん坊の形の小さなグミだ。

グミ（イギリスではガム、北アメリカではガミーと言う）は、現在ではやわらかでとろけるようなものから非常に硬いものまでさまざまな食感のものがある。北アメリカのグミには、宝石のような色のやわらかな幼児向けドロップやカナダの「ジューブ」（昔菓子屋のカウンターで売っていたジュジュブにちなむ名）から、お化け屋敷のヘビやネズミやクモをかたどったものまで、子供の年齢に合わせたさまざまなものがある。「ガミービタミン」は、ビタミンの錠剤を飲むのを嫌がる好き嫌いの激しい子供向けのものだ。生産者は異なるタイプの消費者にアピールするため、あれこれと形や材料に工夫を施している。東南アジアの企業が売り出しているものにはツバメの巣風味のグミまである。近年では3Dプリンターをグミの成形に活用できるようになり、これまでにない新しい形のグミづくりにまた一歩近づいている。(10)

◉ターキッシュ・ディライト

「ターキッシュ・ディライト」はゼリーのようなトルコ伝統のお菓子だ。プレーンのものやナッツを散らしたものがあり、花や柑橘系オイルでフレーバーをつけ、カイマク（クロテッドクリームに似たトルコのクリーム状乳製品）で白くコーティングしたものもある。これはトルコでは「ロクム」と呼ばれるお菓子で、この名は「ラハット・ウル・フルクム」、つまり「喉にやさしい」という意味の言葉が由来だ。このお菓子に喉の痛みをやわらげる性質があると考えられていたからだが、実際にそうした効能があるというよりも、一種の宣伝文句なのではないだろうか。

販売用に「ロクム」をカットする菓子職人たち。トルコのサフランボル。

18世紀から19世紀にかけてイスタンブールを訪れた人々は、ロクムにとまどうことになった。なかにはその香りや味を気に入る人もいたが、まったく受けつけない人もいた。食感には特徴があって、それが人により好みが分かれる原因にもなった。このお菓子の主原料には、中東の食の伝統には欠かせない小麦デンプンが使われている。ヨーロッパの菓子職人たちはこのレシピを手に入れはしたが、自分たちが作るのはとても無理だと判断した。1901年にフランスの芸術家で作家でもあるプレテクスタ・ルコントが、「この菓子を作るのは……非常に高度な技術を要し、細かい部分にまでこだわる。ここに菓子づくりの秘密が隠れており、これは些細な問題だと見過ごすべきではない」[11]と書いている。弱火にかけて2時間、つねに一定の力で同じ方向にかき混ぜることが、水とデンプン、砂糖という材料

シナモン・フレーバーのゼリーのようなひし形のお菓子「ロクム」。松の実のコンフィットを散らしている。トルコのイスタンブールの菓子店のウィンドウ、2012年。

をロクムへと変身させるポイントだった。ピスタチオやクロテッドクリーム、ムスクやローズウォーターをくわえて、混ぜた材料を木製の型に流し込んで冷まし成形する。ロクムには必ず砂糖を使ったが、たとえばロクムができる以前からあったと思われる「スジュク」は、デンプンとブドウの果糖を使う。これを練ってクルミなどのナッツ類を混ぜて固めた長い棒のようなお菓子で、しっかりとしたフレーバーをもつ。

ヨーロッパの菓子職人は、ロクムを作るにしても根気強くかき混ぜようとはしなかった。イギリスではアイシンググラスやゼラチンを使って手っ取り早くロクムを固めることで落ち着き、イギリス版のターキッシュ・ディライトはうんざりするくらい甘い半透明のペーストとなった。C・S・ルイス作『ライオンと魔女　ナルニア国物語』では、登場人物のエドマンドが粉砂糖が詰まった丸い木箱に入ったお菓子を食べる。バラやレモンやクレーム・ド・マント［ハッカ入りのリキュール］のフレーバーのものや、子供が大好きなチョコレートバーのフィリングになっているものもあるが、これがイギリスのロクムだ［岩波書店刊、瀬田貞二訳の日本語版では「プリン」となっている］。このロクムはトルコの菓子職人の手によるものとはまったくの別物だ。おもしろいことに、正しいターキッシュ・ディライトと言えるものがアイルランドの都市コークの名産となっている。アルメニア人のハルツーン・バトマジアンが20世紀初頭にアイルランドに移住したときに持ち込んだのだ。

◉チューインガム

世界のだれもが知っているようなお菓子だが、1870年代まではまだ存在していなかったものがある。「非常に弾力があってねばりをもつさまざまな材料で作り、嚙んでも飲み込まない」チューインガムだ。(12) アメリカ生まれのチューインガムは世界中に広まり、大きな反響を巻き起こした。チューインガムを大好きな人は多く、貧しい国々の子供たちのあいだでは現金代わりに使われているが、しかしこれを忌み嫌う人々もいる。シンガポールでは、治療用のもの以外はチューインガムが禁止されているのだ。

なにかを嚙むことで瞑想にふける習慣は昔からあったようだ。嚙むのに使われたのは、カバノキ類の樹木のヤニや、マスティック（ギリシア、ヒオス島原産のマスティック［学名 Pistacia lentiscus］の木からとる樹液）や松ヤニなどだ。11世紀が終わる頃には、ユカタン半島のマヤ族がサポディラの木からとる「チクル」を噛んでいた。ワックス（蠟）もまた噛むのに使われた。19世紀になると、手作りを謳《うた》うホワイト・マウンテンのパラフィンワックス［常温で固体の白いワックス］を買って、人々はこれを噛んだ（かわいらしい形をしてなかにシロップが入ったワックス・キャンディは今もアメリカで生産されている）。

変化が生まれたのは１８６０年代に入ってのことだ。その発端は、アントニオ・ロペス・デ・サンタ・アナ（元メキシコ大統領で１８３６年のアラモの戦いの勝利者）が、アメリカのマンハッタンに住む友人のトマス・アダムスに送った1トンものチクルだった。これを受け取ったアダムスに、ガムの工業生産を行なうというアイデアが浮かんだのだ。１８７１年にはアダムスとその息子が、パラフィンワックスを買って噛む習慣をヒントに、特許を取得して個別に包装した球状のチクルを生産した。このまだフレーバーつきではないチクルは「アダムス・ニューヨーク№１」という名で売り出された。１８７９年には、ウィリアム・ホワイトという人物がペパーミントのフレーバーつきガムを考案し、１８９１年にはウィリアム・リグレー・ジュニアがシカゴでガム工場を稼働させた。リグレーは商才にあふれ、その代表的な製品には「ジューシーフルーツ」（１８９３年）や「ダブルミント」（１９１４年）がある。チューインガムは生まれるべくして生まれ、世界中に広がった。グローバル化の波に乗り、これぞ北アメリカ文化と受け入れられたのだ。

大きな人気を呼んだが、街のあちこちに貼りついて世界各地の掃除人や当局には嫌われたチューインガムは、今もアメリカ生まれの魅力的なお菓子というイメージを保ってはいる。一方で、イチゴ、レモン、ジャスミン、マンゴスティンなど地域独自のフレーバーをもつチューインガムが生まれ、パッケージもさまざまなものが登場している。ガムの原料や製造販売はときには国境を越え、たとえば「グアテマラ産カルダモンのフレーバーをもつ、ローマで生産されたタブレットがアラビア語圏で人気」といったことにもなる。[13] ガムを噛めばリラックスできるというのはよく言われることだ。またあらゆる砂糖菓子のなかでもチューインガムについて特筆すべきは、歯によいとされるタイプのものが開発されている点だ。「デンティーン」はそのもっとも有名なブランドだ。

風船ガム（「ブリバ・ブラバ」ともいう）が登場したのは1906年だ。[14] しかし現在のような風船ガムが誕生するのは1928年になってからのことだった。〈フランク・H・フリアー〉社（チューインガムの「チクレット」を生産する会社だった）の若き従業員ウォルター・ダイマーが、風船がはじけても顔にくっつかないタイプのガムを開発したのだ。ダイマーは最初にできた製品を赤く色づけし、それ以来、ピンクが風船ガムの「伝統色」となっている。風船ガムは「食べて楽しめる」――多くのお菓子がそうであるが――お菓子の最たるものとなり、世界中の子供たちが風船ガムでとても楽しいひとときを過ごしている。

第5章◉砂糖菓子の製造業者と消費者

◉誰が砂糖菓子を作るのか

1597年にジョン・ジェラードは、サトウキビの搾り汁は「非常においしく利益の上がる『砂糖』という甘い食べ物を生む。そして無限といえるほどの菓子が生まれる」と書いているが、そのお菓子については詳細に説明していない。ジェラードの本は、「菓子職人や大釜を使う砂糖精製業者、上流婦人のプリザービングパン「ジャムやマーマレード作り専用の大鍋」についてのものでも、薬屋や薬剤師についてのものでもない[1]」からだ。このやんわりと軽んじたような記述からは、当時の状況や菓子づくりにかかわる人々や、また菓子づくりの過去や将来も読み取れる。

過去において砂糖は薬剤師があつかうものであり、中世のアジアとヨーロッパでは薬剤師が裕福な人々向けに砂糖細工を作った。ギルドに所属し、職人の秘義を継承する薬剤師は商売を行なう人々でもあった。ギルドはとくにオスマン帝国時代のトルコなどで強い力をもち個々人の活動には制約もあったが、特殊なお菓子を生産できるすぐれた技術をもつ職人を輩出した。19世紀以降は、お菓子の役割のうち薬にかかわるものは医薬品産業が扱うようになったが、喉飴やブレスフレッシュナー用のチューインガムや食後に口をさわやかにするミント・キャンディのチックタックといったお菓子は、今も昔の役割をとどめている。

ジェラードの本にある「上流婦人のプリザービングパン」という言葉は、かすかではあるが、女性が菓子づくりにかかわっていたという事実の手がかりだろう。ジェラードは、執筆当時に砂糖細工がイギリスの裕福な女性のあいだで流行していたことを明記している。17世紀のイギリスの料理書の多くには、甘い食べ物をあつかった章がある。北アメリカで刊行された『マーサ・ワシントンの料理と甘いお菓子の書 *Martha Washington's Booke of Cookery and Booke of Sweetmeats*』［マーサ・ワシントンは初代アメリカ大統領ワシントンの夫人。マーサのオリジナルレシピほか、当時作られていた料理やお菓子のレシピをまとめた書］もそうした風潮を映し出している。

貧しい女性はお菓子を作って金を稼いだ。18世紀のイギリス人、エリザベス・ラファルドもそうしたひとりで、店を構えてケータリング業を行なっていた。この当時、イギリス出身のクエーカー教徒［イングランドで創設されたキリスト教プロテスタントの一派で、アメリカではフィラデルフィアに多い］の女性たちがフィラデルフィアでディナーテーブル用の砂糖細工を売っていた。こうしたお菓子のレシピはエリザ・レスリーが19世紀に刊行した書に掲載されている。カトリック教徒においては、修道院がフルッタ・ディ・マルトラーナやマサパン・デ・トレドといったお菓子を売って収入を得ていた。

20世紀に入る頃には、砂糖菓子づくりがふたたび女性の娯楽となった。「かなり労力が必要だが

ジョセファ・デ・オビドス『砂糖菓子のある静物画』（キャンバス。油彩。1676年頃）ここには数点のお菓子が描かれているが、おそらくは修道院で作るお菓子であり、飾り串やリボン、切り紙を使って美しく見せる工夫が施されている。

……張り詰めた神経をやわらげ、悲しい気持ちをいやしてくれる」とメイ・ホワイトは書いている（当時の衛生観念は今と違っていたようだ。挿絵に「お菓子づくりをする部屋に控える忠実な従者」として描かれているのは、ホワイトが飼っているトゥートルズという名の犬だった[2]）。手作りのキャンディは今もアメリカでは人気だ。

大量のキャンディづくりは重労働であり、女性のキャンディづくりは一般に工業生産する事業にまでは発展しなかった。ただしイギリスのメリー・アン・クレーブンは例外で、1862年に夫の菓子会社を引き継ぎ、この事業を拡大させた。北アメリカの企業、〈ファニー・ファーマー〉、〈ファニー・メイ〉、〈ローラ・セコール〉、〈シーズ〉（メリー・シーという女性に由来する名）は「男性が創設したものだが、大量生産の製品を売るさいに母親の手づくりキャンディのイメージを利用したのだ[3]」。

砂糖菓子の将来は菓子職人の手にかかっていた。菓子職人とは、さまざまな分野の菓子づくりの技術をもち、

「菓子店」のトップに立ち、大きな邸宅のキッチンで働くスペシャリストでもあった。彼らは豪華なデザートを用意し、テーブルのリネン類、砂糖彫刻、その設営など、あらゆるものを手配した。またこうしたスキル以外にも、店や事業を手がけた。だが彼らに対する世間の目はなんとも言えないものだった。ロバート・キャンベルは1747年にこう書いている。「菓子職人の仕事を全うするのにはかなりの知識を要する。だが私は菓子職人を社会の有用な一員だとみなしたことはない」(4)。

フランスの宮廷菓子職人は大きな影響力をもち、フランソワ・マシアロやムノンのように重要な料理書を著したものもいる。ジョセフ・ジリエによる『フランスのカナメリスト』には、ロココ調に配置したデザートを描いた美しい挿絵が掲載され、菓子職人が大きな権限をもち重要な仕事を担っていたことがうかがえる。ジリエと同じくニコラ・ストレールも王室のお抱え菓子職人で、パリで創業した店は今も存続しており、現代のパティスリー（ケーキや焼き菓子を売る店）と菓子職人によるケータリングに影響を与えている。ロンドンではジェームズ・ガンターが18世紀に自分の名を冠した事業をはじめ、それは1950年代まで続いた。

北アメリカには、ドイツ移民の菓子職人やウィーンの菓子業界で働いていた多数のイタリア人によってさまざまな菓子づくりの技術が持ち込まれた。ロンドンでは、イタリアのパルマ出身のウィリアム・ジャリンが自らの技術を『イタリアの菓子職人』に詳述しており、これは、現在では消失している砂糖彫刻技術のすばらしい記録でもある。ジャリンと同時代の菓子職人であるアントナン・カレームも砂糖で作ったすばらしい建築物を図解する書を残しているが、こちらは実際の作り方にはあまり触れていない。

◉大量生産とブランド化

菓子づくりは、数ポンドの砂糖とそれを煮詰める鍋さえあればだれにでもできた。たとえばイタリアの版画にある路上の菓子職人「フランフェリカッロ」や、1890年代にアメリカ人画家のロバート・フレデリック・ブルームが描いた日本の『飴屋』、それに19世紀半ばにロンドンでヘンリー・メイヒューがインタビューした路上の菓子売りに見られるように、その工房といえるものは狭くて暗く、また地下にあることも多かった。今でも菓子づくりが多くは路上で行なわれている国もあり、インドではハルヴァ職人が通行人の目の前でお菓子を作り、その光景やお菓子のにおいが客寄せの広告となっている。

20世紀は大量生産の時代となっていく。西ヨーロッパでも北アメリカにおいても、砂糖の価格低下と機械化の進行は時代の流れだった。伝統的なフレーバーや色は工業生産されたものにとって代わられた。1851年に開催されたロンドン万国博覧会が世界に与えた衝撃は、あまりにも大きかったのだ。

時を同じくして、次々とチョコレート関連の企業が創設され、チョコレートは菓子業界において砂糖菓子の競争相手となっていった。この頃すでにお菓子の生産事業をはじめていた企業には、〈ジ

ロバート・フレデリック・ブルーム『飴屋』（キャンバス。油彩。1893年頃）ブルームは日本の路上の風景を多数描いており、この作品にあるのは温かい砂糖シロップを吹いて伝統的な飴細工を作る職人だ。若い女性や子供たちが飴細工づくりに見入っている。

ヨセフ・テリー〉（イギリスで１８２８年に菓子事業の経営権を取得）、〈シュプリングリ〉（スイスで１８４５年、チョコレート生産開始）や〈ウィットマン〉（アメリカ、１８４２年）などがある。〈クロフト&ウィルバー〉（アメリカ）は、すでに菓子生産業を営んでいたクロフトが、１８６５年にウィルバーとともに設立した会社だ。ミルトン・S・ハーシーは１８８０年代には〈ランカスター・キャラメル〉社として成功しており、１８９４年に同社を売却してチョコレートづくりに専念することになった。フランク・C・マースが設立した会社は１９２０年に〈マース・インコーポレイテッド〉となった。

　イギリスでは〈キャドバリー〉が１８２４年に、〈ロウントリー〉が１８６２年に創業しており、どちらも紅茶、コーヒー、チョコレートの販売を手がけた。一貫してチョコレートの生産を行なってきた〈J・S・フライ&サンズ〉社は１８２２年の創業だ。フィリップ・スシャール（フランス）は菓子職人として修業を積んだものの、チョコレートへの興味のほうが大きく1826年に〈スシャール〉をスイスで設立した。スイスのショコラティエ［チョコレート専門の菓子職人］、ロドルフ・リンツは1879年に起業し、〈ネスレ〉社の創業者であるアンリ・ネスレは1867年に乳児用調整粉乳の生産をはじめている。

チョコレートの生産者たちは、暗い色合いの製品をぱっと浮き立たせる明るいパッケージと広告、それに品質の確かさを保証するようなブランド名を用いた。市場には量り売りではなく、たとえばマースバーやキットカットのように本数単位で販売するバー製品が登場し、砂糖菓子とチョコレートは、こうした製品の材料として一緒に使われた。北アメリカの「キャンディバー」という名称はバーのフィリングを、イギリスの「チョコバー」はバーをコーティングするチョコレートを頭につけた名だが、それぞれ、バーに含まれるチョコレートとキャンディの割合を反映した名だと言えるだろう。チョコレート会社のなかにはうまく商才を働かせ、〈ロウントリー〉のフルーツグミのように、チョコレート以外にも砂糖を主原料とした製品を開発した企業もあった。

砂糖菓子産業は参入コストが低く、小さな会社でも事業を続けることが可能だった。だが消費者の気まぐれや流行が商売を大きく左右するようになり、旧来のテクニックで作る製品に新しい工夫をくわえることが必要になる。しかし大麦糖といったありふれたお菓子をブランド化することは容易ではなかった。20世紀の砂糖菓子生産の歴史は企業集中の歴史でもあり、大企業（チョコレートが主体の企業が多い）による小さな会社の買収や合併が進んだ。イギリスでは、〈トレボー〉（リコリス生産者の〈バセット〉社にすでに合併されていた）、〈パスカル〉、〈メイナード〉、〈クレーブン・

ボイリング・パン。砂糖シロップか果物のピューレが入っているのだろう。イギリスはヨークの〈ロウントリー〉社の工場、1890年代。

ケイラー〉の各社が〈キャドバリー〉に飲み込まれた。アメリカでは、〈リーフ・ブランド〉（1920年代の創業）が〈ジョリー・ランチャー〉（1949年設立）をはじめとする企業と資本提携した。その〈リーフ〉社のアメリカにおけるブランドは1990年代に〈ハーシー〉に買収された。トマス・アダムスやウィリアム・リグレーその他多くの人々がチャンスを手にしたチューインガムも、合併と買収の対象となった。ハンス・リーゲル・シニアが1922年に創業し現在も存続する〈ハリボー〉社は透明なグミキャンディを売り出してドイツで人気となり、これもまた他社を買収している。

それでも、砂糖菓子業界は幅広い製品を作る多数の企業が存在する産業であり続け、最大の供給者である〈クラフト〉、〈キャドバリー〉、〈シュウェップス〉、〈ハーシー〉社を合わせても、2000年頃の総販売額の23パーセントでしかなかった[5]。そんななか、2012年まではまだ存在しなかった企業が、2013年には世界の菓子企業において〈マース〉社に次ぐ2位に躍り出た。多国籍企業であるこの〈モンデリーズ・インターナショナル〉は以前は〈クラフトフーズ〉社の北米食品部門であり、〈クラフト〉社自体が〈テリーズ〉、〈スシャール〉、〈キャドバリー〉、〈チクレット〉といったブランドを飲み込んだ企業だった[6]。

◉店に並べるものは美しく

砂糖菓子はチョコレートに対し、歴史をもつお菓子であり見た目に美しいという点で優位にあった。中世のカリフの行列を模した砂糖の人形から砂糖菓子店の棚に並ぶ色とりどりのビンまで、陳列の美しさもキャンディと砂糖菓子の魅力のひとつだ。

16世紀と17世紀に砂糖菓子がどれほど美しく並べられていたのか、今も多くの静物画に見ることができる。ファン・バン・デル・アメン・イ・レオン（1596～1631年）は、トゥロンや引き飴で作ったと思われる小さなねじった白い輪など、スペインの砂糖菓子を描いている。ジョセファ・デ・オビドス（1630年頃～1684年）も詳細な絵を残しており、描かれているのはおそらくはポルトガルの修道院の砂糖菓子だ。赤や白のコンフィット、シュガーペーストの細工、ジンジャーブレッドやクッキーのようなお菓子は、リボンを結んだ飾り串や切り紙で美しく装飾されている。ルイス・メレンデス（1716〜1780年）は、（現在も果物のペーストに使用されているような）実用的な木箱を描いており、なかには砂糖菓子がたっぷりと詰められていることがうかがえる。こうした木箱はその後、フォンダンやチョコレートを入れる厚紙の精巧なギフトボックスやトフィーを入れる美しい缶に発展した。砂糖菓子や果物のペーストを飾る金箔は先進国ではアルミホイルの包装に代わっているが、インドでは食用銀箔のヴァルクが今も使われている。

17世紀後半にはニコラ・ド・ラルメサンが『砂糖菓子職人』を描いた。地域の名菓の名を書いた円形の平たい箱やシュガーローフや、果物の束がついた不思議な衣装を着た女性の菓子職人の絵だ。この菓子職人は三角の層になったスタンドを手にしており、それには小さな砂糖菓子が積まれている。砂糖菓子をピラミッドのように積むことは当時の流行だった。脇には店のカウンターと棚があって、お菓子の箱がたくさん積まれている。

18世紀の最高級の菓子店には金箔の枠の鏡が取りつけられ、お菓子は明かりを浴びるよう透明のガラスのビンに入って店のウィンドウに並び、オレンジやパイナップルといった新鮮な果物がお菓子のあいだに置かれていた。18世紀後半から19世紀初頭にかけての絵には、店の様子や店員（若く魅力的な女性が多い）、客や商品が描かれている。こうした絵からは、広告でもよく登場する、張り出し窓いっぱいにおいしい砂糖菓子が並ぶ「昔ながらの菓子店」のイメージが変わりはじめていたことがうかがえる。とはいえ、お菓子を売る通りの屋台や行商人もまだ多かったはずだ。

作者不詳『今日の味』（手彩色銅版画。アーロン・マルティネット刊行。1802年頃）この風刺画には菓子店のなかが描かれ、着飾った客が見える。

19世紀初頭までは売られているお菓子の多くがおそらくは店内で作られていたが、お菓子の生産は急速に工業化し、またお菓子の販売自体がひとつの重要な事業となっていった。キャンディと砂糖菓子はタバコや新聞などの雑貨と一緒に売られるものとなり、CTN（菓子・タバコ・新聞販売店）といわれる店が登場した。キャンディと砂糖菓子は、なんでも売る小さな店や雑貨店、〈ウールワース〉といったチェーン店のどこでも買えるようになり、菓子職人が作って売る専門店はますます減っていった。これやすいガラスの容器は果物のプリザーブやキャンディを守り陳列するためのものでもあったが、これらは急速に透明のセロファンやプラスチックに取って代わられた。20世紀後半になると、それ以前には思いも

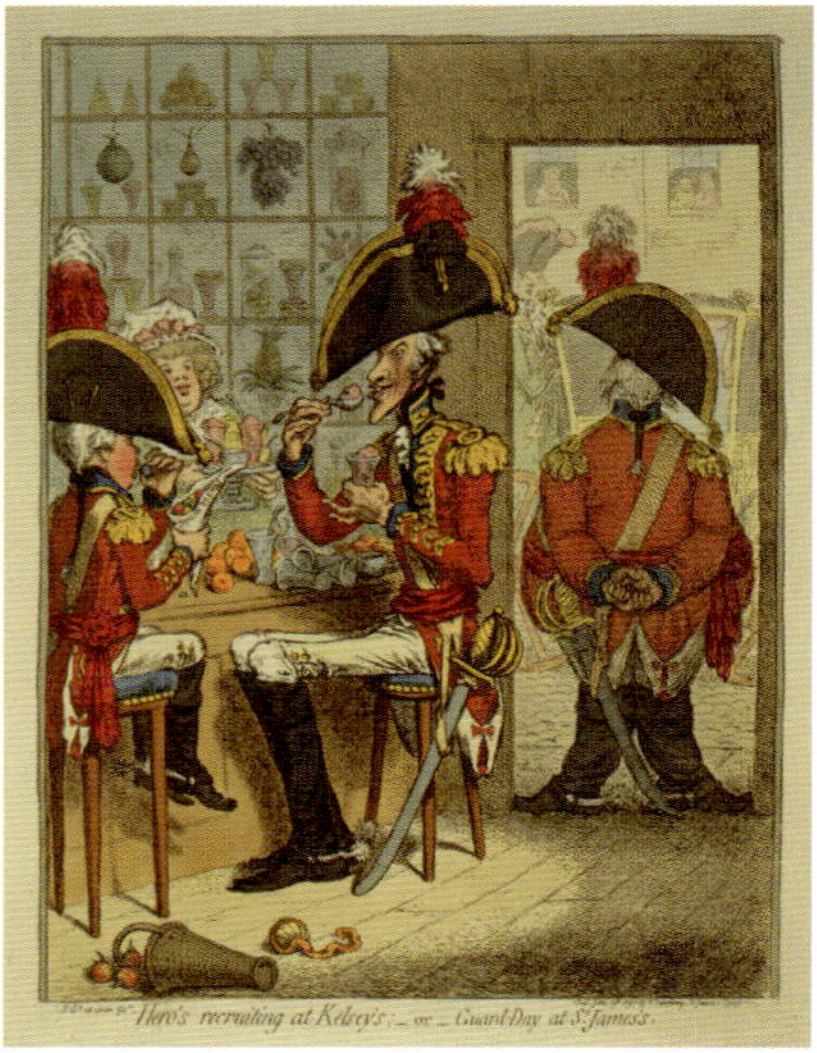

ジェームズ・ギルレー『ケルシーの店で兵士を採用するヒーロー』（手彩色銅版画。1797年）この風刺画にはやせた年配の将校と若い士官が、ロンドンの人気菓子店〈ケルシー〉でコンフィットとアイスクリームを食べている様子が描かれている。もうひとりの兵士は警護に立つか見張りをしているのだろう。

よらなかったような販売方法が登場し、スーパーマーケットやインターネットが今では大量のキャンディを売る窓口となっている。

◉砂糖菓子を買う人

ところで、こうした甘い砂糖菓子を買って食べるのはだれか。当初は高価で富裕層のみが口にできる貴重品だったが、砂糖菓子は材料の価格低下とともにだれもが楽しめるものとなった。かなり早い時期からお菓子のおもな消費者は女性と子供だという見方があったことは確かで、19世紀にはこうした考えが社会に定着する。1815年に書かれたロンドンの食べ歩きガイドには、ファランスが経営する店［19世紀ロンドンにあった有名な菓子店］が登場している。

このポモナとケレス［どちらもローマ神話の女神で、

それぞれ果物、豊穣《ほうじょう》の女神」の寺院では毎日美と流行の謁見《えっけん》がもたれ……午前中にはいつでも、小さなキューピッドとプシュケたちが現世のネクター［神の酒］や美味なるものを口にする様子が見られることだろう。わかりやすく言えば、ご婦人がたは、この店で若き友や身内に比類なきボンボンをふるまい大いに楽しませるのである。[7]

絵画や写真からは、子供たちも貧しい人々も、菓子店のウィンドウに並ぶ美しい菓子に見入る様子がうかがえる。世間一般の人々は菓子職人に心をつかまれてしまったのだ。

欧米社会ではずっと昔から、暗に、お菓子とは子供たちを惹きつけて当然のものとされていた。１６０８年には型で成形した風変わりなマジパンについて、「子供たちを喜ばせるのにこれほどのものはない」と書かれている。[8]地元の菓子職人や小さな店にはいつも、いくつか子供向けの安いお菓子が置かれているのが当たり前だった。19世紀初頭のイングランドでは、小さな男の子で「ウェリントンピラー」や「ジブラルタルロック」［それぞれ、イギリスで著名なウェリントン公爵、ジブラルタル海峡にある巨岩から名をとった砂糖菓子で、どちらもジンジャーのフレーバー］の魅力にあらがえる子などいなかっただろう。19世紀半ばになると、（たとえば〈フライ〉の）広告は、砂糖菓子を買う子供たちを描くことで子供たちの目を引きつけた。またイギリスの小説家、脚本家であるロアルド・ダールによるものをはじめ多くの人の自伝には、子供時代によく食べたお菓子がつづられている。

子供たち――とくに下層の――は安い砂糖菓子やペニーキャンディのお得意様だった。19世紀後半の都市部では、こうしたお菓子は貧しく厳しい生活からの現実逃避と安息を与えてくれるものであり、「おいしそうな食べ物というのにくわえ、すばらしい空想の世界に連れて行ってくれるもの」だった。(9)

この当時から、菓子産業は消費者の変わりやすい嗜好《しこう》の上に成り立つものであり、そうした状況では新しい工夫を施すことがすべてだった。いつも少しだけ現実から目を背けさせてくれるキャンディは以前にまして風変わりで素敵なものになった。20世紀初めの北アメリカにあったキャンディの名からもそれはわかる。モンスターチューブ、イーグルツイスト、エレクトリッククライト・ワイヤー、スフィンクス・パッケージ、スコーチャー。(10) イギリスの菓子産業もなんでもありという点では同様で、ある作家は、「これまでイギリスにあった砂糖菓子やアイスキャンディ、チョコレートバーや風船ガムの名をアルファベット順のリストにまとめる」というアイデアに心が動かされたものの、多すぎてとても無理だと思ったという。(11)

子供たちにとって、菓子店は今も昔も、金と権力の関係を教えてくれるところだ。砂糖菓子店、キャンディストア、オーストラリアのロリーカウンターはみな、子供たちが「ものの価値と節約、誘惑、分け合い、そして信頼」を学ぶ場だ。(12) 19世紀後半の印刷物には、菓子業界の広告がおよぼす力が垣間見える。「〈フライ〉のお菓子を買うあの子にみんなの目はくぎづけ」。これは小さな消費者の嫉妬心をあおるキャッチコピーだ。また時間をかけたお菓子選びは賢い消費者となる第一歩だ。

ジョルジュ・アシーユ＝フール『大麦糖を売る少年』、1891年の挿絵入り週刊紙『イリュストラシオン』から。路上で大麦糖を売る子供を描いた感傷的な絵。この少年は清潔できちんとした身なりをしているが、当時の写真からは、実際にはこの絵よりもずっと厳しい生活だったことがうかがえる。

1944年に『サタデー・イブニング・ポスト』紙に掲載されたスティーブン・ドハノスのイラストでは小さな男の子が店に並んだキャンディを眺めているが、その上にある店主の顔は退屈してぼーっとしており、男の子がじっくりと品定めしていることがわかる。何十年ものあいだに広告のポスターやお菓子のパッケージに描かれたものがお菓子選びの要素にくわわり、またお菓子は映画やテレビとも結びついた。21世紀においては、キャラクターマーチャンダイジング［人気のあるキャラクターを商品に使用してイメージを高める戦略］や映画やテレビとのタイアップ、それにお菓子とおもちゃが相互にタッグを組む戦略が、菓子産業が幼い消費者の興味を引きつけておく手法とされている。

女性にとっては菓子店は、19世紀にウィーンの菓子職人が営む店がそうだったように、甘い食べ物と出会いそれを楽しむことを社会的に認められた場だった。北アメリカでは、キャンディの広告のなかにはターゲットを大人の女性、それもチョコレートやフォンダンなど高価で贅沢なお菓子を買いそうな女性に特化したものもあった。ボンボンと名のつくお菓子には、その成り立ちやフランス語で「良質」を意味する名や広告の内容から、官能的で退廃的な楽しみというイメージがあった。また当時の北アメリカでは、実用性はなく必需品でもない砂糖菓子は、漠然とやさしく美しいもの、つまり女性が食べるものだと思われていた。今でもキャンディと砂糖菓子は女性にとって特別な楽しみだと思われてはいるが、現在ではチョコレートのほうがこうしたイメージは強い。チョコレートはとくに男性から女性への贈り物として、20世紀の大半と21世紀の今にいたるまでさかんに宣伝されている。

西ヨーロッパと北アメリカ以外ではキャンディや砂糖菓子とそれ以外の甘い食べ物とを明確に区別できないため、そうした地域においてキャンディや砂糖菓子だけにしぼって一般論をまとめるのは容易ではない。だが大きな砂糖菓子文化をもつインドは、ほかとはまた異なる状況だ。

インドでは甘い食べ物とお菓子は特別な位置づけにあり、それはそうした食べ物にギーが含まれていることが多いからだ。ギーはインドの厳格なカースト社会において浄化の力をもつ食べ物だ。このためギーが使われた食べ物は最高位カーストの人々も含め、あらゆる人が口にできる。[13] これは、外から来た人も食べてよく、カーストの下層と上層間でも贈りあうことができ、菓子職人はカーストのどの層に属するかにかかわらず尊敬されるということだ。

ほかの国々とは違い、砂糖菓子は男らしさを連想させるものだ。またとくにベンガル地方では、男性に砂糖菓子を贈る「バイフォンタ」（少女が男兄弟に砂糖菓子を贈る日）と「ジャマイ・サスティ」（義父が義理の息子に砂糖菓子を贈る）という特別な日がある。甘い食べ物は神への捧げものともされる。象の頭をもつ神ガネーシャは、手にラドゥをもった姿が描かれている場合が多い。

◉現代人の砂糖消費量

工業生産されたキャンディ、砂糖菓子、チョコレート、ガムなどについては、当然ながら統計があり、21世紀初頭には、世界におけるこれらの菓子市場は８８７億米ドルに達した。このうちチョコレートは54パーセント、砂糖菓子が34パーセント、残りの12パーセントをガムが占める。重量では順位が入れかわり、１４００万トンをわずかに上回る総重量のうち、砂糖菓子製品は52パーセント、チョコレートは40パーセント、ガムが８パーセントだ。(14) チョコレートは比較的価格が高く、安価なものが多い砂糖菓子は途上国での人気が高い。また砂糖菓子は暑い気候の地域では保存がしやすいため消費量も増える。

砂糖菓子の消費については、北アメリカが重量においても価格においても最大の市場だ。北アメリカではひとりあたり年に６・６キロの砂糖菓子を消費し（これを上回るのはスカンジナビア諸国のスウェーデンとデンマークのみだ）、イギリスではひとりあたり5キロを消費する。これらの国々はすべて、ひとりあたりのチョコレート菓子の消費量も際立っていた。西ヨーロッパはチョコレートの重要な市場であり、価格では北アメリカに次いで2位、重量では3位だった。極東では中国が抜きんでており、国民の急激な収入増加により重量では西ヨーロッパを上回るが価格においてはこれより劣る。(15) だがチューインガムは、極東では日本が一番の市場だ。

菓子類の消費量は砂糖の消費量と一致するわけではなく、砂糖の消費量のほうが菓子類よりもずっと多い。アメリカではお菓子にくわえ、２０１２年にひとりあたり58キロの砂糖を消費していた。(16) イギリスでは砂糖の消費量は年間39キロ程度で安定しているが、「１８３５年以降の１００年で年間ひとりあたりの消費量が5倍に増加し」、「１９５０年から１９６０年までの10年間にとく

カミーユ・ブーテ『欲しがりません』（カラー・リトグラフ。1918年）第一次世界大戦末期に描かれたもの。この時代、多くの国々で砂糖が不足していた。

に急増して」57キロあまりとなった。[17] 1950年代に急増したのは、第二次世界大戦の戦中戦後に課された厳しい配給制度の反動によるものだった。

砂糖はさまざまな形であらゆる食べ物のなかに潜んでいる。ソフトドリンクには大量に入っているし、幅広い加工食品に甘味やうま味を出すものとして添加されている。それは通常の蔗糖にかぎらず、ブドウ糖やデキストロース［ブドウ糖の一種］、ブドウ糖果糖液糖やハチミツ、麦芽糖（マルトース）その他、さまざまな形をとっているのだ。

食事全体から見ればキャンディと砂糖菓子から摂取する砂糖の割合は比較的小さかったとしても、キャンディと砂糖菓子は砂糖で作ったものであって、砂糖と健康の関係について幅広く議論するさいに注目されるのは避けられない。菓子類については、健康に対する影響がこの50年で大きく取り上げられるようになっている。もっともずっと以前の16世紀にはすでに、砂糖が歯に悪影響を及ぼしているのではないかということは言われていた。イングランドへと旅した人物が、「砂糖の摂りすぎで」イギリス人が虫歯になっていると記しているのだ。[18] 19世紀には菓子類が社会不安を引き起こした。とくに、貧しい人々が買う安くて質の悪い代物が健康を害しているのではないかと問題になり、砂糖菓子によってイギリスの公衆衛生が脅かされたことがきっかけとなって消費者保護法が制定されることにもなった。

砂糖の大量消費は1970年代以降、健康への悪影響についての論争を巻き起こしている。栄養学の教授であるジョン・ユドキンが『純白，この恐ろしきもの　砂糖の問題点』（坂井友吉他訳。

評論社）において、砂糖の摂取量と虫歯、糖尿病、心臓発作との関係を検証したことが契機となったのだ。近年では内分泌学者のロバート・ラスティグが北アメリカにおける肥満の増加を懸念し、『肥満する機会 *Fat Chance*』（２０１３年）において砂糖の摂取量と健康との関連に着目している。ラスティグは、添加されているあらゆる砂糖が有害な影響をもち、なかでもブドウ糖果糖液糖は、体内で起こす反応から考えるに最悪のものであると結論づけている。「私たちの体は現在の砂糖の過剰摂取には適応しておらず、現状のままでは人は死んでしまう[19]」。

世界保健機関（ＷＨＯ）の２０１５年のガイドラインでは、歯の健康や肥満と砂糖との関係が取り上げられている。ＷＨＯは１日あたりの砂糖の全摂取量――菓子類だけでなく、あらゆる飲食物からのもの――を１日の総摂取カロリーの10パーセント未満にすることを強く推奨している[20]。デスクワークにつく成人では、これは１日に２００から２５０キロカロリーであり、砂糖50から60グラムに相当する。

砂糖は、それが缶入りソフトドリンクのブドウ糖果糖液糖であれ、職人手作りの、高品質で非常に美しいキャンディに使われた蔗糖であれ、あまりにもふんだんに使われ、消費量も多すぎる。過去には無分別に贅沢に用いられ、健康や裕福さ、幸福を象徴する魔法のような存在だった砂糖菓子は、現代では社会問題のひとつであり改善すべきターゲットとされているが、ある意味、少なくとも正直な存在だといえる。砂糖菓子は砂糖を使った他の加工食品のように隠すことはなく、堂々と甘い砂糖をまとっているのだから。

第6章◉砂糖菓子と祝祭

◉特別な日を飾る

昔から、キャンディと砂糖菓子は特別な日をほかと区別するために用いられてきた。砂糖菓子は幸運と気前良さのシンボルだ。砂糖がたっぷり使われていること、砂糖菓子の美しい色、そしてその輝きが特別な日を魅力的なものとし、それによってとくに子供たちの心に特別な日や季節の重要性が刻み込まれるのだ。

祝祭の行事は人間の一生や暦をおおまかに区切る印となるものだ。誕生と婚姻を砂糖菓子で祝うのは世界中どこも同じで、ときには死にかかわる儀式にも砂糖菓子は使われる。暦のうえの行事は宗教上のものや神聖なものであることが多い。たとえば、イスラム教徒のラマダンの断食期間には、日没から日の出までのあいだにのみ食べることが許される。砂糖菓子は手早くエネルギー源となるため好まれ、大量に食べられてきた長い歴史がある。断食期間の終了である「イド・アル＝フィトル」では宴席が設けられてたっぷりの食事を摂り、さまざまな砂糖菓子も出される。キリスト教国では、復活祭（イースター）を砂糖菓子で祝ってきた。レント［復活祭前の40日間で四旬節ともいう］

に断食をするという習慣はほぼ消えているが、イースターのカーニバルは多くの地域で残っている。砂糖菓子はまたキリスト教の聖人の日やインドの神々を称える祭りに供えるものでもある。キリスト教と異教にルーツをもつクリスマスも砂糖菓子を用いる行事のひとつであり、またさまざまな文化において新年の祝いでも、お菓子を供えてよい1年になることを願う。

菓子類を展示しそれを気前よく配ることも広く行なわれていた。近世のヨーロッパでは砂糖菓子やキャンディで作った建造物を、ときには壊して行事の参加者や見物人に配ることもあった。それを投げて配るようなときには奪い合いになることもある。1667年のロンドンでジョン・イーヴリンが居合わせた饗宴もそうした例だ。(1) もっと上品なものでは17世紀のフランスの菓子職人マシアロが、同業者や同好の集まりのためのデザートに、ひとりひとりの客の前に美しく盛られたバスケットが置かれていた様子を記している。

どのバスケットも小さなリボンや絹織物のタフタで飾られ……ビスケット、マーチペイン、オレンジやレモンのピール、ドライフルーツなどなど、あらゆる甘い食べ物がいっぱいに盛られている。なかでも一番は非常に美味なコンフィットだろう……。だれもがその場では口にせず、自分のバスケットを自宅に持ち帰って家族や友人に食べさせるのだ。(2)

こうした伝統から、結婚式や子供のパーティーのお土産は生まれている。

カラベラ。流し飴で作った骸骨を多彩な糖衣とメタリックの色紙で飾ったもの。メキシコの死者の日「ディア・デ・ロス・ムエルトス」のために作る。

流し飴の技法からはぎょっとはするが美しい装飾も生まれる。メキシコの「死者の日」（11月2日）［故人をしのぶラテン・アメリカの祝祭］のカラベラ［スペイン語で骸骨の意。死者の日には町中に骸骨を型どったものがあふれる］はその一例だ。白い骸骨を模したものを蛍光色の砂糖衣できらびやかに飾り（死者の名がつづられていることもある）、その眼窩《がんか》にはメタリック調の色紙がきらきらと輝いている。世界には死に対して後ろ向きな考えが多いなか、骸骨に非常に華麗な装飾を施すという特異な祭りだ。カラベラは中世の流し飴で作る装飾の伝統を引き継ぐものでもあり、トルカ市中心部で催される「ラ・フェリア・デル・アルフェニーク」という市《いち》でもこれが売られている。「アルフェニーク（alfeñique）」は「ファニド（fanid）」や「ファニタ（phanita）」といった

プピ・ディ・チェーナ。流し飴で作った人形。シチリアの万聖節の日のもの。

遠い昔の砂糖細工の名を残したものだ。これ以外にも、シュガーペーストで天使や棺に入った赤ん坊、心臓、動物、帽子、ギターなどが作られ、17世紀の砂糖細工の本に出てくるさまざまな品のようだ。カラベラはスペインの砂糖細工のテクニックと、キリスト教の万聖節と万霊節、それ以前にあったアメリカ先住民の祖先を信仰する儀式が融合したものなのである。

メキシコの死者の日と同じ時期にはヨーロッパでも、とくにイタリアでは死者をしのぶ祭りが行なわれ、「オッサ・デイ・モルティ」（死者の骨）が店に並ぶ。シチリアの「死者の日」の祝祭では、メキシコと同様流し飴の技法でさまざまな人形を作り、馬上の騎士や踊り子などが供えられる。この日にはマジパンのフルッタ・ディ・マルトラーナも、死者からの贈り物として作られる。シチリアではイースターにも、子ヒツジなどイースターの季節に合ったものを流し飴で作る。

北アメリカのハロウィーンが死者の日の祭りの流れをくむものかどうかはともかく、「トリック・オア・トリート（お菓子をくれなきゃいたずらするぞ！）」と言いながら子供たちが家々をまわる現在のような習慣は、20世紀半ばに定着したものでしかない。この習慣は第二次世界大戦前には生まれていたが、「1950年代には食品製造業者や小売業者が、菓子をいかに多く売るかについて頭をひねっていた(3)」。こうした利益の追求と、それ以前の数十年に繰り返されたハロウィーンの大騒ぎをできるだけ小さくしようとする動きが相まって、ハロウィーン用の袋詰めキャンディを菓子製造業者が考案したとも言われている。

コンフィットとドラジェは昔から誕生と結婚の祝い、それにカーニバルにつきものの砂糖菓子だった。芯にしたナッツや木の実は多産を象徴する。それに砂糖衣をかけて大きくすることで、さらなる繁栄を表しているのだ。お祝いやカーニバルにかぎらず、富と多産を象徴するコンフィットとドラジェは今もさまざまな催しの贈り物とされており、それはルネサンス期の饗宴でいつも砂糖衣のアーモンドが供され、客がポケットに入れたりハンカチに包んで持ち帰ったのと同じだ。

フランスでとくに重視されるコンフィットとドラジェは人生の重要な行事とともにあり、喜びや祝福を伝えるものだ。洗礼式では名付け親がこれを買い、子供の両親が、序列に厳密に従って客に配る習わしがある。これは昔からの伝統であり、イギリスでは1603年に刊行された作品『独身男の宴 *Batchelor's Banquet*』（『*Les quinze joies de mariage*』の訳、結婚にまつわる15の話をまとめ

J. ロビン『聖ニコラウスの日』(版画。18世紀)人形やジンジャーブレッドや文字をかたどった、聖ニコラウスの日の伝統的な贈り物をもつオランダ人の子供たち。どれも、マジパンやシュガーペーストなど砂糖を材料として作ったものだ。

た書）では語り手が、出産のときに「砂糖、ビスケット、コンフィットにキャラウェイ、マーマレード、マーチペインなどなど……甘い菓子類と宴会に出す大量の品々」にかかった費用が（母親の女友達の）うわさ話になることを嘆いている。(4)

オスマン帝国時代のトルコではコンフィットを社会的な行事で広く用い、シャーベットやワインとともに食べ、この習慣はイスラム世界とヨーロッパに広がり長く続いた。コンフィットはまた誕生や割礼の祝いに出すものでもあり、結婚式では花嫁に投げた。同様の習慣はほかの地にも見られ、アフガニスタンでは結婚や婚約の祝いにノクルが出てくる。

イタリアのコンフェット――甘く小さなお菓子の意味――からはこうした砂糖菓子を総称するコンフェッティという言葉が生まれた。イタリアでもカーニバルではコンフェットを投げた。18世紀にはゲーテもこれに触れているし（ゲーテは、「砂糖菓子」ではなく実際には石膏の偽物のことがある、と書いている）、19世紀にはウィリアム・ガンターが、フランスとイタリアの新年の祝いにはふつうのコンフェットにノンパレルも混じっていると述べている。このとき「伊達男はみな知り合いのご婦人全員に、お礼のお辞儀を伴ってドラジェの包みを贈るものとされている」(5)。小さな贈り物を入れるようになっていた大型で中が空洞のコンフェットは、きれいに包装されたチョコレート製イースターエッグの元祖とも言えるだろう。19世紀後半のフランスではお菓子を投げる代わりに紙のコンフェッティ（紙吹雪）が使われるようになったが、イースター用のものは今も本物のコンフィットで、砂糖衣をかけた小さな卵形コンフィットやチョコレート粒を芯に、大釜で砂糖をコ

ドイツのバースデーケーキ。2002年。型で成形した円盤状のマジパンを食用着色料で手彩色し、一部をチョコレートに浸したもの。

ーティングして作る。

イギリスではフルーツケーキが祝祭――とくに結婚式――に重要な意味をもつが、本来は祝祭を彩るのは糖衣とマジパンであって、これは17世紀に作られていた砂糖衣をかけたマーチペインに由来するものだ。こうしたマーチペインはシュガーペーストを型に流して成形した「かわいい小物」で飾られていた。「型押ししたビスケットやキャラウェイを芯にした、細長いコンフィットがマーチペインに挿されている」とサー・ヒュー・プラットが１６０９年に述べている。「小物」には、「文字、飾り結び、武器、盾、動物、鳥その他」さまざまな形のものがあった[6]。近世の北ヨーロッパでは、結婚式のマーチペインには金色の魔除けをかけたローズマリーの木の枝をつける習わしがあった[7]。『女よ、女に心せよ *Women Beware Women*』（１６５７年）という劇では12宮図［黄道帯に12の星座を配した図］で飾ったマーチペインが登場し、このうち雄羊と雄牛は欲望の象徴とされている。

現代のドイツでは、丸くて厚みがあり、いろいろな模様が

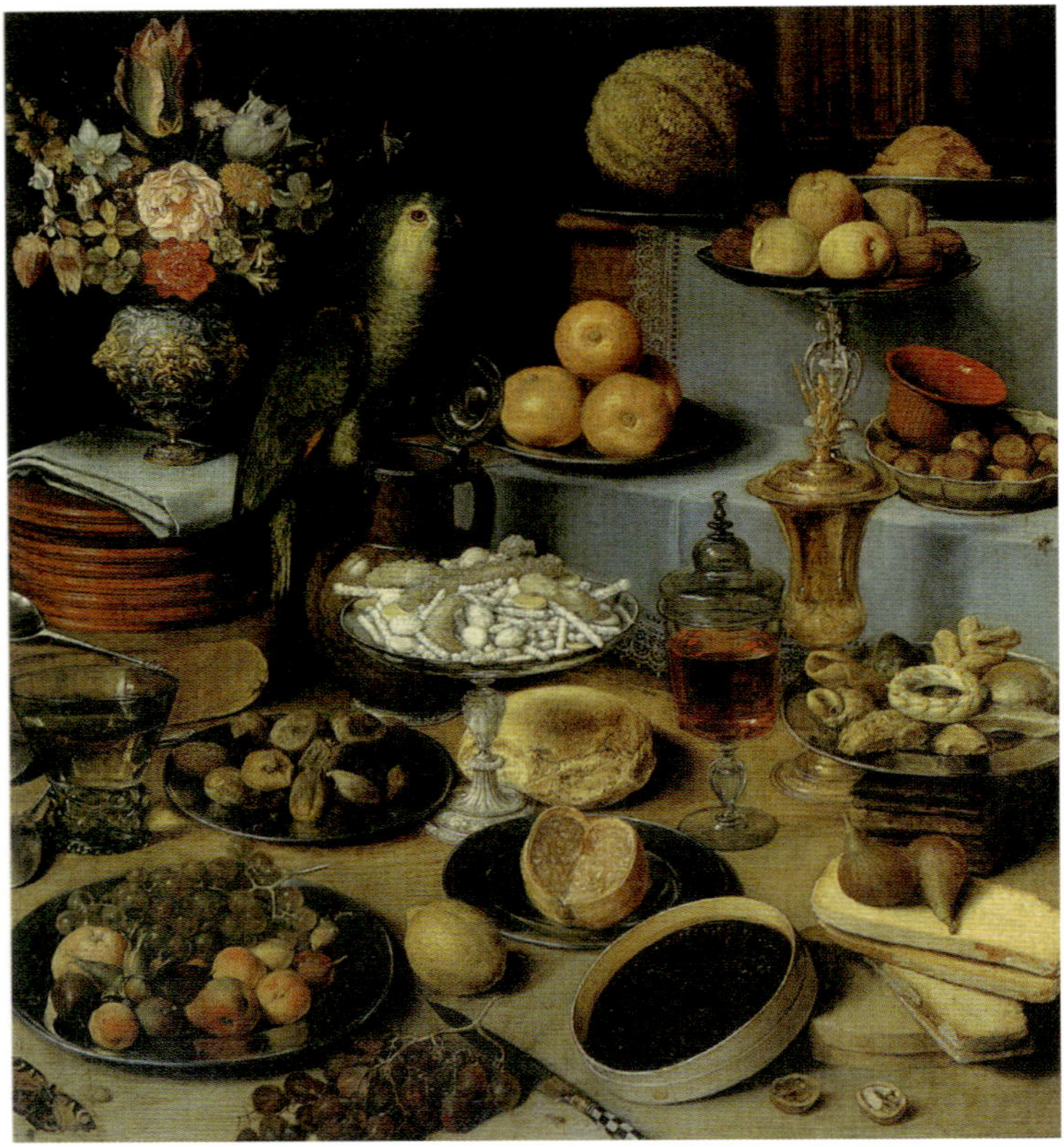

ゲオルク・フレーゲル『オウムのいる静物画』（銅板油彩画。1630年頃）オウムが豪華にしつらえたデザートテーブルにとまる。テーブルには新鮮な果物やビスケットがのり、脚付きの鉢タッツァには数種のコンフィットが盛られている。

型押しされたマジパンが特別な行事向けに作られており、彩り豊かな図柄やあいさつの言葉で飾られ、底はチョコレートに浸してある。シュガーペーストでは、果物や野菜やハート、天使やサンタクロースなどさまざまな形や人形も作る。マジパンのブタは北ヨーロッパでは幸運と豊穣のシンボルだ。「12月のオランダでは、ほぼすべての菓子店のカウンターに型で成形した数キロもある切り売り用のピンクのブタや子ブタが置かれ、客が鼻から尻尾へと順に買っていくためブタはだんだん小さくなっていく(8)」。

イギリスでは、砂糖衣がひとつの芸術として発展し、そのときどきの流行でさまざまな材料や技法が使われた。シュガーペースト、ロイヤルアイシング［砂糖と卵白で作る硬い糖衣］、食べられない石膏、金属、プラスチック、リボン、口金で絞って作る美しい縁飾り、それに銀箔や金箔。白はいつの時代もヨーロッパでは純潔の象徴であり、白という色は砂糖のもつ大きな魅力でもあった。白が純潔を表すという考えは数十年前まで変わらず残っていたが、今では結婚式でもその他の色も使われるようになっている。ウェディングケーキは分け合い、切り分けたケーキを招待客が持ち帰る。20世紀半ばのイギリスでは、切り分けたケーキを特製の箱に入れて、結婚式に出席できなかった友人に郵送するということがごくふつうに行なわれていた。

クリスマスには現在は飾りつけたケーキを12月25日に食べるが、12夜（1月6日の公現祭の夜）に食べるのが本来の習慣だ。多くは型で成形したシュガーペーストの人形を使いふんだんに飾りつけられたケーキで、さまざまなゲームや儀式の中心にあった。

クララ・ペーテルス『タルト、陶器、銀のタッツァ、砂糖菓子とカキのある静物画』（油彩パネル画。1612～1613年頃）絵の中央にある円盤状のお菓子はタルトのように見えるが、おそらくは特別な行事を祝うために丸く作ったマーチペインだろう。この上には色付けした小さなコンフィットを散らし、ローズマリーの小枝を飾り、そのうちの1本には小さな金の魔除けのお守りがついている。これは結婚式のもののようだ。

シュガーペーストはルネサンス期以降、宮廷の砂糖細工に使われテーブルやマーチペインその他の菓子を飾った。それは彫刻としてもすばらしいレベルの作品であり、手で成形できる範囲や想像力、費用の限界はあっても、それを感じさせないほどさまざまな作品が生み出された。成形には型も使用された。18世紀から残るものには、ウェディングケーキ装飾用の、シュガーペーストで作るベッドの型もあるが、19世紀になると一般に、鳥や花輪、麦の束、簡素な小さな花々などが結婚を象徴するものとして使われた。新郎新婦の人形を作るようになったのは20世紀になってからだ。型が使われたのは結婚式のためだけではない。18世紀後半から１８３０年代にかけてフランスで使用した型がいくつか残っており、果物を盛った小さなバスケットや、子犬や王冠や

〈ジェーンズ・ファイン・コンフェクショナリー〉。アメリカのワシントンDC、1919～1920年頃。幼い少女が縞模様のキャンディケインを手にしていることから、この写真はクリスマス間近の頃に撮られたのだろう。

帽子がクッション（これもシュガーペーストを型に入れて作る）にのったものができる。これらは贈り物に使われたのだろう。大ぶりの型には、王室のモノグラムや、飾りを支えるイルカ、オベリスクや戦勝記念物といった品々を作るものがある。(9)

型で成形したシュガーペーストの像は子供たちの心を引きつけた。19世紀後半から20世紀初頭にかけて、ペンシルヴァニアダッチ［ドイツ系移民の子孫］の子供たちにとっては、クリスマスといえば砂糖で作った透明のおもちゃだった。クリスマス・イブになると子供たちは「自分の皿を置いておく」。すると夜のあいだにクライスト・キンドル（グリシュ・キンデル［キリストの子供の意味〕）がよい子には贈り物をもってくる。ナッツ、リンゴやオレンジ、それに透明のトイキャンディ〔動物や人形などかわいい形に作った透明のキャンディ〕だ。[10] これはイギリスとドイツからの移民の伝統が混ざり合ったものだった。「ローター・ツッカーハーゼ」、つまり赤い砂糖で作ったウサギの形をした透明のトイキャンディは、南ドイツのイースター伝統のお菓子だ。

北アメリカのクリスマスは引き飴で作ったキャンディケインがつきものだ。これがクリスマスに作られるようになったいきさつは定かではないが、特殊なスキルを使って作る目に楽しいキャンディはさまざまな地域の伝統となっている。引き飴のキャンディが盛んに作られたイギリスでは、このお菓子は休日を意味するものだ。19世紀後半には工場労働者が休日になると息抜きに海辺に出かけ、その土産物とされたからだ。

南ヨーロッパのクリスマスとイースターに食べるのはヌガーだ。スペインでは、「クリスマスの祝祭の期間には怖気を振るうほど厖大な量のトゥロン……が食べられ」るため、コンフィテリアには山のように蓄えられている。[11] 20世紀初頭のセビリアのイースター祭では、トゥロンがあるイギリス人の料理本作家の目を引いた。「トゥロンを売る屋台の列が並んでおり……茶色に白、ピンク、それに虹のように色とりどりのものがある」。[12] スペイン人はこの習慣とお菓子をいたるところに輸出し、このためフィリピンでも平たい缶入りや箱入りのトゥロンがクリスマスを意味するようになった。イタリアのトローネも同様にクリスマスのお菓子で、また毎年ニューヨークのリトル・イタリーで催されるサン・ジェナーロ祭〔イタリア系アメリカ人によるイタリア文化を祝う祭りで9月半ばに行なわれる」といった行事にも登場する。中東のヌガーであるギャズは、ペルシャやアフガニスタンの新年「ノウルーズ」の伝統菓子だ。この地域の新年の祝祭は、3月下旬か4月下旬に冬の終わりと春の到来を祝うものだ。アフガニスタンでは氷砂糖と小さなヒヨコ豆のクッキー、それにアーモンドペーストを型で成形した「トゥート・シュリニ」(「クワの実の砂糖菓子」)とともにギャズを食べる。新年のお菓子には「カスタ・エル・シリーン」もある。キャラメルでアーモンドやアプリコットの仁［果実の種子のなかに入っている核］を大きな円盤形に固めたお菓子で、「バザールではよく見るもので……ノウルーズ（新年）やイドなどのお祭りにはとくに子供たちにとっては特別なごちそうだ(13)」

卵黄のお菓子は結婚式に使われる。19世紀のイギリス人作家ジョージ・ボローは、スペインのジプシーの結婚式で「イエマ」が出てくることを詳述している。

> 大金をつぎ込んで1トンもあろうかというほどの砂糖菓子が準備され……あらゆる種類、あらゆる形のものがあるが、とくにイェマは多く……床に厚さ3インチ（約7・5センチ）ほどもばらまかれる。この部屋に……新郎新婦が入ってきて踊り……。

新郎新婦にはお付きの人々が続き、みなで踊り、そして「数分で砂糖菓子は粉かあるいは泥のようになり、踊る人々は膝まで砂糖と果物、そして卵黄にうずもれていた(14)」。

フアン・バン・デル・アメン・イ・レオン『トゥロンのある静物画』(キャンバス。油彩。1622年)

もっと作法にのっとったものではあるが、タイの結婚式では今も卵黄を使った4種類の砂糖菓子が供される。黄金色をした4つのお菓子はそれぞれ、物質的な富と幸せな結婚生活、長く幸せな人生と夫婦の助け合いの象徴だ。(15)

インドでは砂糖菓子を出すことが一般に大きな意味をもち、砂糖菓子は感謝、愛情、敬意、喜び、才能に対する報酬などさまざまな気持ちを表すものだ。砂糖菓子は試験に合格したことや仕事での昇進、結婚や誕生を祝うものでもある。ラドゥは祝いの場には必ず出てくるお菓子で、イギリスで人々が集まるときにケーキを焼くのと同様だ。ほかの国々と同じく、人生におけるイベントや、宗教の祭りや神聖な祝祭、それに地域ごとの甘い食べ物の味はさまざまであるため、インドの特別な日のお菓子について一般論を述べるのはむずかしい。祝祭の名やその解釈についてもさまざまなものがあるが、それでも砂糖菓子が

ヒンズー教の暦で秋の祝祭であるディワリは砂糖菓子と光で祝う。

非常に重要である点ははっきりしている。西ベンガルでは秋に、ドゥルガー・プージャ、カーリー・プージャ［それぞれ、ドゥルガー、カーリーという女神を祝う祭り］、ディワリ――ディワリでは豊穣の女神ラクシュミーも祀る――が相次いで催され、どの祭りにもさまざまな甘い食べ物が用意される。カーリー・プージャでは、ベンガルの菓子職人は砂糖と煮詰めた牛乳で作るペラを用意する。「じっくりと時間をかけて甘いペーストの巨大な山を作って、これを1ドル硬貨ほどの大きさの丸い菓子にする……巡礼者はこれを2、3個ずつ買って神に供え」、供えるさいには葉を円錐形に丸めて器にしたものに入れ、ハイビスカスの真っ赤な花を添える。[16]

砂糖菓子が大量に用意されるのがディワリだ。10月下旬に行なわれるこの祭りは善（光）が悪（闇）に勝利したことを祝うものだ。祭りでは光と砂糖菓子と贈り物が欠かせない。欧米のクリスマスとも似ているディワリでは、「砂糖で作った動物や神や女神（多くは清廉な白色で、食べられる人形）が子供向けに市場で売られている」[17]。この時期の重要な祭りにはビジョヤ・ダシャミもある。ドゥルガー・プージャを締めくくるこの日には、悪い感情や敵意はすべて捨て、親戚や友人を訪ねる。だれもが砂糖菓子を供されてそれを断ることはできず、糖尿病患者でさえもほんの少しではあるがかじるほどだ。こうした祭りでは施しも行なわれるし、また祝祭の行事で供される砂糖菓子の量で、その人に対する信望がどれほどであるかある程度はわかる。

インドでは生まれてすぐに甘い味と出会う。インドの女優マドハール・ジャフリーは、自分が生まれたときに、祖母が「採れたてのハチミツに指を浸し、私の舌に神聖な呪文である『オーム（Om）』を書いた」と述懐している[18]。砂糖菓子はまた婚姻に際した習慣でも重要な役割をもち、新郎新婦は誓いの儀式で互いに砂糖菓子を食べさせるし、アラビア語や英語と同様に甘さは愛を意味するものだ。

中国における砂糖菓子とキャンディにかかわる伝統はあまり多くは知られていないが、中国の新年にまつわるものがひとつある。この習慣が初めて記録されているのは1585年であり、今もこれは大事な伝統として続けられている。1年間その家の台所仕事を見守ってきたかまど神（かまど神の絵が台所に貼ってある）に「甘いものを食べさせる」習わしだ[19]。「天の神からの使いとして、かまど神は1年を通じて家族とともにあり、すべてを見聞きしている」[20]。年が明ける直前に、家の人々はかまど神に甘いお菓子や果物の砂糖煮を供えたり、紙に描かれたかまど神の口に甘い食べ物を塗りつけたりする。それからしきたり通りにかまど神の絵は焼かれ、かまど神を天に送る。天に戻ったかまど神がほかの神々によいことだけを報告してくれるよう、甘い砂糖菓子を供えるというわけだ。

◉キャンディと砂糖菓子で世界に彩りを

砂糖が虫歯の原因だと騒がれていること、食事においてエンプティカロリー［栄養分がないかきわめて少ない食べ物］の源であることや健康におよぼす影響を考慮すれば、栄養学者の立場からすれば砂糖菓子は神への供え物や、少なくとも特別な日や時期にかぎって口にするものとしたいところだろう。21世紀の菓子製造業者は体によいと謳うキャンディの生産に取り組んではいるものの、これは問題の本質を外している。利益を追求する巨大な製菓業界もこうした問題点は十分に理解している。

キャンディと砂糖菓子は、毎日健康的な食事を摂るために口にするものではない。キャンディと砂糖菓子は世界に無秩序にあふれ、食べ物ともファッションともいえ、食べられるおもちゃであり、幸運やお祝いを象徴するものでもある。負の側面や人々の健康に悪影響をおよぼす一面があるのは確かだ。それでもキャンディと砂糖菓子は何世紀にもわたり、厳しい現実を抱える世界に鮮やかな彩りと楽しさや気晴らしをもたらしてきたのだ。

イタリアの食品会社〈ヴィットリオ・コルッシ〉の広告、19世紀末か20世紀初頭。女性がイタリアの焼き菓子「ビスコッティ」とキャンディを屋上から世界へとばらまいているこの絵はカーニバルをイメージしたもので、気晴らしや気前良さ、楽しみなど、砂糖菓子の歴史を駆け足でたどっている。

訳者あとがき

多くの人々にとって魅惑的な「甘いお菓子」。そのなかでも砂糖を主な材料として作ったお菓子の歴史をたどるのが本書だ。食物史家である著者のローラ・メイソンは、食文化に関する書籍や料理のレシピ本の刊行ほかさまざまな媒体に寄稿、出演するなど精力的に活動している。映画《ハリー・ポッター》シリーズでは、作品中に出てくる菓子店〈ハニーデュークス〉(「バーティー・ボッツの百味ビーンズ」を売っている店)のビジュアルに関する参考資料も提供したそうだ。

サトウキビから砂糖を精製する技術は数千年前のインドで生まれたとされる。非常に希少で高価だった砂糖は当初は薬とされ、その後、砂糖を利用して美しい装飾やお菓子が工夫されるようになり、今では世界中にさまざまな砂糖菓子があふれている。本書では欧米や中東、アジアではおもにインドに関する情報が多く、日本の砂糖菓子についての記述は残念ながら少ない。だが登場するもの以外にも、本書の内容に即した、紹介するに値する日本の砂糖菓子は多い。たとえば、第3章の「コンフィット」の解説中で紹介されている「金平糖」と似たような来歴をもつのが「有平糖《あるへいとう》」だ。砂糖に水飴をくわえて煮詰めて棒状に成形したり、細工して花や果物を模したりする美しいお菓子で、これもポルトガル語で「砂糖菓子」を意味する「アルフェロア（alféloa）」がなまったものだという（「アルフェニン（alfenim）」が語源という説もある）。またイギリスの海辺で売られている「ロックキャンディ」（断面に文字が現れる）と同様の作り方をするものには「金太郎飴」がある。これも、長い飴の棒のどこを切っても断面に金太郎の顔や美しい花模様などが出てくるとてもかわいい飴《キャンディ》だ。祝祭やお祝い用の砂糖菓子といえば、子供の長寿を願う七五三の千歳飴がある。これらの飴づくりはインターネット上の動画で見ることもでき、「引き飴」の工程を経て、空気を含んできらきらとした飴になっていく様子についつい見入ってしまう。

訳者はこれまでThe Edible Seriesに連なる数冊を訳す機会があったが、そのたびに新しい知識を得る楽しみを見出している。第6章には、イギリスでは結婚式に出席できなかった友人に、切り分けたウェディングケーキを特製の箱に入れて郵送したとあるが、生クリームを使ったやわらかいケーキをまずイメージして、「大丈夫？」と思ってしまった。だがイギリスのウェディングケーキは固く焼いたケーキをシュガーペーストで分厚くコーティングし、長期保存にも耐えるものだそうだ。写真を見て納得し、ケーキを飾るマジパンやシュガーペーストの美しさには、本書で解説されている砂糖の細工を思い浮かべた。

「砂糖のとりすぎは健康に悪影響をおよぼす」。わかってはいても、好きな人にとっては甘い砂糖菓子のない生活は無味乾燥で楽しみのないものだろう。（菓子業界の利益追求といったことはここでは脇におき）生きていくのに不可欠な食べ物ではないけれど、やはり砂糖菓子は、目に美しく口に甘く、生活にちょっとした息抜きやほっとするひとときをもたらしてくれるものなのだ。

本書『お菓子の図書館　キャンディと砂糖菓子の歴史物語 *Sweets and Candy: A Global History*』は、イギリスのReaktion Booksが刊行するThe Edible Seriesの1冊である。このシリーズは２０１０年に、料理とワインに関する良書を選定するアンドレ・シモン賞の特別賞を受賞している。本書の出版にあたっては多くの方々のお力添えをいただいた。とくに、本書を訳す機会と的確で心温まる助言をいただいた原書房編集部の善元温子さん、いつも心強いサポートをいただいているオフィス・スズキの鈴木由紀子さんには心より感謝申し上げる。

２０１８年６月

龍　和子

subodhsathe/iStock International: p. 167; photo © Thiradech/iStock International: p. 61; Victoria and Albert Museum, London - photo v&a Images/Alamy Stock Photo: p. 9; photo © yogesh_more/iStock International: p. 29.
John Donges, the copyright holder of the image on p. 63, has published it online under conditions imposed by a Creative Commons Attribution 2.0 Generic license; readers are free to share - to copy, distribute and transmit this image alone, or to remix -to adapt this image alone, under the following condition of attribution - readers must attribute the image in the manner specified by the author or licensor (but not in any way that suggests that these parties endorse them or their use of the work). In addition, you may not apply legal terms or technological measures that legally restrict others from doing anything the license permits.
The J. Paul Getty Trust, the copyright holder of the images on pp. 113 and 114 and Wellcome Images, copyright holder of the images on pp. 23 and 82, have published these online under conditions imposed by a Creative Commons Attribution 4.0 International license; readers are free to share - to copy, distribute and transmit these images alone, or to remix - to adapt these images alone, under the following condition of attribution - readers must attribute any image in the manner specified by the author or licensor (but not in any way that suggests that these parties endorse them or their use of the work).

写真ならびに図版への謝辞

図版の提供と掲載を許可してくれた関係者にお礼を申し上げる。一部作品の掲載ページと作品に関する説明を以下にまとめる。

Alte Pinakothek, Munich: p. 160; photo Amoret Tanner Collection/Rex Features/Shutterstock: p. 24; collection of the author: pp. 14, 51; photos by the author: pp. 11, 19, 37, 47, 49, 57, 65, 78, 79, 89, 98, 99, 103, 106, 127, 138, 154, 159; photo courtesy of the author: p. 114; photo baument/BigStockPhoto: p. 54; photo © Bibliotheque Forney/Roger-Viollet/Rex Features/Shutterstock: p. 13; photo © Jacques Boyer/Roger-Viollet/Rex Features/Shutterstock: p. 87; Casa Museu Anselmo Braamcamp Freire, Santarém: p. 133; Cleveland Museum of Art: p. 166 ; from Denis Diderot and Jean le Rond d'Alembert, *L'Encyclopedie . . . recueil de planches, sur les sciences* . . ., vol. xx (Paris, 1768): p. 82; photo fotograv/iStock International: pp. 95; photo John Gay/Historic England/Mary Evans Picture Library: p. 33; from Joseph Gilliers, *Le Cannameliste français, ou Nouvelle instruction pour ceux qui desirent d'apprendre l'office, redige en forme de dictionnaire* (Nancy, 1751): p. 114; photo huyendesigner/BigStockPhoto: p. 96; photos Mary Işın: pp. 76, 126; photo Fabrizia Lanza: p. 155; photos Library of Congress, Washington, dc (Prints and Photographs Division): pp. 39, 142 (British Cartoon Prints Collection), 149, 163; location unknown (sold via Sotheby's in 2010): p. 59; from Johannes and Caspaares Luiken, *Het menselijk bedrijf vertoond in 100 verbeeldingen: van ambachten, konsten, hanteeringen en bedrijven* . . . (Amsterdam, 1694) - photo Rijksmuseum, Amsterdam, reproduced by kind permission: p. 31; photos Mary Evans Picture Library: pp. 69, 145; The Metropolitan Museum of Art: p. 136; photo Musée Carnavalet, Paris/Roger-Viollet/Rex Features/ Shutterstock: p. 141; reproduced courtesy of Nestlé: p. 122; photo PhotoIndia/BigStockPhoto: p. 106; Pianacoteca Civica, Spoleto: p. 17; from *Picture Post* (12 April 1952): p. 122; private collection: p. 162; photo Razvan/iStock International: 123; photo Rijksmuseum, Amsterdam, reproduced by kind permission: p. 157; photo rodrigobark/BigStockPhoto: p. 91; photo Hugh Routledge/Rex Features/Shutterstock: p. 29; from the *Shih-wu Pen-ts'ao* (an anonymous Ming dynasty 'Food Herbal'): p. 23; photo smshoot/iStock International: p. 107; Stadel Museum, Frankfurt: p. 35; photo studiograndouest/iStock International: p. 73; photo

Plat, Sir Hugh, *Delightes for Ladies*, with an introduction by G. E. Fussell and Kathleen Rosemary Fussell (London, 1948)

Raffald, Elizabeth, *The Experienced English Housekeeper [1769], with an introduction by Roy Shipperbottom* (London, 1996)

Richardson, Tim, Sweets: A History of Temptation (London, 2002)

Rigg, Annie, *Sweet Things: Chocolates, Candies, Caramels and Marshmallows – To Make and Give* (London, 2013)

Risson, Toni, 'A Pocket of Change in Post-war Australia: Confectionery and the End of Childhood', in *Pockets of Change: Adaption and Cultural Transition*, ed. Tricia Hopton, Adam Atkinson, Jane Stadler and Peta Mitchell (Lanham, MD, 2011)

Saberi, Helen, *Noshe Djan: Afghan Food and Cookery* (London, 2000)

Sato, Tsugita, *Sugar in the Social Life of Medieval Islam* (Leiden, 2015)

Sinha, Anil Kishore, *Anthropology of Sweetmeats* (New Delhi, 2000)

Skuse, E., *Confectioner's Handbook and Practical Guide*, 2nd edn (London, c. 1890)

—, *Confectioner's Handbook and Practical Guide*, 3rd edn (London, c. 1892)

—, *Skuse's Complete Confectioner*, 10th edn (London, c. 1900)

Smith, Andrew F., *Sugar: A Global History* (London, 2015) ［アンドルー・F・スミス『「食」の図書館　砂糖の歴史』手嶋由美子訳，原書房，2016年］

Weatherley, Henry, *A Treatise on the Art of Boiling Sugar* (Philadelphia, PA, 1865)

Whittaker, Nicholas, *Sweet Talk: The Secret History of Confectionery* (London, 1998)

Whyte, May, *High-class Sweetmaking* (Birkenhead, c. 1910)

Wilson, C. Anne, *The Book of Marmalade* (London, 1985)

—, ed., *Banquetting Stuffe: The Fare and Social Background of the Tudor and Stuart Banquet* (Edinburgh, 1991)

Woloson, Wendy A., *Refined Tastes: Sugar, Confectionery and Consumers in Nineteenth-century America* (Baltimore, MD, 2002)

Yudkin, John, *Pure, White and Deadly* (London, 1986)［ジョン・ユドキン『純白，この恐ろしきもの　砂糖の問題点（評論社の現代選書〈13〉）』（坂井友吉他訳，評論社，1978年）

Hosking, Richard, *A Dictionary of Japanese Food* (Rutland, VT, 1997)［リチャード・ホスキング『外国人のための日本料理事典（和英・英和）』チャールズ・イー・タトル出版，2010年］
Işın, Mary, *Sherbet and Spice* (London, 2013)
Işın, Priscilla Mary, ed., *A King's Confectioner in the Orient: Friedrich Unger, Court Confectioner to King Otto I of Greece* (London, 2003)
Jarrin, William Alexis, *The Italian Confectioner* (London, 1820)
Kawash, Samira, *Candy: A Century of Panic and Pleasure* (New York, 2013)
Krondl, Michael, *Sweet Invention: A History of Dessert* (Chicago, IL, 2011)
Lees, R., and E. B. Jackson, *Sugar and Chocolate Confectionery Manufacture* (Aylesbury, 1973)
Leon, Simon I., *An Encyclopedia of Candy and Ice-cream Making* (New York, 1959)
Lustig, Robert, *Fat Chance: The Hidden Truth About Sugar, Obesity and Disease* (London, 2013)
McGee, Harold, *McGee on Food and Cooking* (London, 2004)［ハロルド・マギー『マギーキッチンサイエンス　食材から食卓まで』香西みどり監訳，北山薫，北山雅彦訳，共立出版，2008年］
Mrs McLintock, *Mrs McLintock's Receipts for Cookery and Pastrywork 1736, reproduced from the original with an introduction and glossary by Iseabail Macleod* (Aberdeen, 1986)
McNiell, F. Marian, *The Scots Kitchen: Its Lore and Recipes* (London, 1963)
Mason, Laura, *Sugar Plums and Sherbet* (Totnes, 1998)
Mintz, Sidney W., *Sweetness and Power: The Place of Sugar in Modern History* (New York, 1985)［シドニー・W・ミンツ『甘さと権力　砂糖が語る近代史』川北稔，和田光弘訳，平凡社，1988年］
Nearing, Helen, and Scott Nearing, *The Maple Sugar Book* (New York, 1970)
Oddy, Derek J., *From Plain Fare to Fusion Food: British Diet from the 1890s to the 1990s* (London, 2003)
Opie, Robert, *Sweet Memories* (London, 1988)
Pagrach-Chandra, *Gaitri, Sugar and Spice: Sweets and Treats from Around the World* (London, 2012)
Perrier-Robert, Annie, *Les Friandises et leurs secrets* (Paris, 1986)
The Picayune, *The Picayune's Creole Cook Book*, 2nd edn (New York, 1971)
Piemontese, Alessio, *The Secretes of the Reverend Maister Alexis of Piemont*, trans. William Warde (London, 1562)

参考文献

Anon., *A Closet for Ladies and Gentlewomen* (London, 1608)

Apell, Charles, *Twentieth Century Candy Teacher* (USA: place not given, 1912)

Banerji, Chitrita, *Life and Food in Bengal* (London, 1991)

Boeser, Knut, ed., *The Elixirs of Nostradamus* (London, 1995)［クヌート・ベーザー編『ノストラダムスの万能薬』明石三世訳，八坂書房，1999年］

Burnett, John, *Plenty and Want* (London, 1983)

Butcher, Sally, *Persia in Peckham: Recipes from Persepolis* (Totnes, 2012)

Carmichael, Elizabeth, and Chloe Sayer, *The Skeleton at the Feast: The Day of the Dead in Mexico* (London, 1991)

Dalby, Andrew, *Dangerous Tastes: The Story of Spices* (London, 2000)［アンドリュー・ドルビー『スパイスの人類史』樋口幸子訳，原書房，2004年］

Daniels, Christian, 'Biology and Biological Technology: Agro-industries: Sugar Technology', in Joseph Needham, Christian Daniels and Nicholas K. Menzies, *Science and Civilisation in China VI, Part III* (Cambridge, 1996)

Day, Ivan, *Royal Sugar Sculpture: 600 Years of Splendour* (Bowes, 2002)

Deerr, Noel, *The History of Sugar* (London, 1949)

Devi, Yamuna, *Lord Krishna's Cuisine: The Art of Indian Vegetarian Cooking* (London, 1990)

Eales, Mary, *Mrs Mary Eale's Receipts [1718] reproduced from the edition of 1733* (London, 1985)

Fasholt, Nancy, *Clear Toy Candy* (Mechanicsburg, PA, 2010)

Fernandez, Doreen G., and Edilberto N. Alegre, *Sarap: Essays on Philippine Food* (Manila, 1988)

Fernandez, Doreen, *Tikim: Essays on Philippine Food and Culture* (Manila, 1994)

Gilliers, Joseph, *Le Cannameliste francais* (Nancy, 1751)

Goldstein, Darra, ed., *The Oxford Companion to Sugar and Sweets* (Oxford, 2015)

Gunter, William, *Gunter's Confectioner's Oracle* (London, 1830)

Haldar, J., *Bengal Sweets* (Calcutta, 1948)

Hendrickson, Robert, *The Great American Chewing Gum Book* (Radnor, PA, 1976)

Henisch, Bridget Ann, *Cakes and Characters* (London, 1984)

Hess, Karen, *Martha Washington's Booke of Cookery* (New York, 1981)

レシピ集

◉クルミ菓子

クルミの殻のなかにビスケットとキャラウェイを詰めるか、もしくは殻の内側に小さなかわいい花束が描かれたもの。作者不詳『淑女と貴婦人のクローゼット *A Closet for Ladies and Gentlewomen*』（ロンドン。1608年）より。

1. 白いシュガーペーストをひとかたまり用意し、トラガントガムを練り込んでシナモン少量を混ぜる。これでシュガーペーストはクルミの殻の色になる。
2. 1を薄く伸ばして2個に分け、それぞれを別の型で殻の形に成形し、なかに好きなものを入れてふたつを合わせて閉じる。
3. 同様にしてクルミの菓子を3、4個作る。

◉大麦糖の作り方

ジョン・ノット『料理人と菓子職人の事典 1726年 *The Cooks and Confectioners Dictionary 1726*』（ロンドン。1980年）より。

1. 大麦を湯に入れ煮詰め、目の細かい漉し器で漉して、砂糖を透明のカラメル状にしたものと混ぜしっかりと煮詰める。
2. 1を火から降ろしあら熱がとれたら、オリーブオイルを塗った大理石の上に広げる。
3. 冷めて固くなりはじめたら、小さく切り分けくるっと巻いて好きな長さにする。

◉シュガーキャンディ（氷砂糖）

ジョン・ノット『料理人と菓子職人の事典 1726年 *The Cooks and Confectioners Dictionary 1726*』（ロンドン。1980年）より。

1. 一定量の砂糖を茶色になるまで煮詰め、小さな棒を挿した土鍋に入れる。
2. 鍋を温かい場所にしばらくおき、砂糖を棒にくっつかせる。
3. 菓子職人によっては、小さな棒をさまざまな向きに置いたものに煮詰めた砂糖を流し入れ、これを14～15日間温かい場所においておき、その後湯を数回注いで丸1日そのままにしておく。翌朝土鍋を割ると、棒のまわりに氷砂糖ができている。
4. 1回目に氷砂糖を取り出したあとに残ったものを再度温かい場所におき、砂糖がなくなるまで氷砂糖を作る場合もある。

◉赤いアーモンド・プローリング

ウィリアム・アレクシス・ジャリン『イタリアの菓子

職人 *The Italian Confectioner*』（ロンドン。1820年）より。

アーモンド…約450*g*
砂糖…約450*g*
液状カルミン（洋紅）…少量
オレンジフラワーウォーター…少量

1. 汚れを落としたアーモンド450*g*を用意する。少量の水に450*g*の砂糖を溶かし、そこにアーモンドを入れ、煮詰める。
2. アーモンドのまわりの砂糖がクラックの段階になったら火から鍋を降ろし、砂糖シロップが砂のような結晶になるまでかき混ぜ、ふるいにかけて鍋の底の砂糖とアーモンドを分ける。
3. この砂糖を再び火にかけ、水を少量入れてカラメル状（ハードクラック）になるまで煮詰める。
4. 分けておいたアーモンドをくわえて少量の液状カルミンをくわえ、かき混ぜて砂糖をすべてアーモンドにからませる。
5. 4をザルにあけてオレンジフラワーウォーターを少量振って香りをつけ、つやを出す。

……………………………………………

◉イギリス風アーモンドロックとハードベイク（アーモンド入りの砂糖菓子）

ヘンリー・ウェザリー『砂糖菓子のもてなし *A Treatise on the Art of Boiling Sugar*』（ペンシルヴァニア州フィラデルフィア。1865年）より。

1. 砂糖約3150*g*に約2リットルの水をくわえてクラック状態まで煮詰める。
2. これを台の上に広げ、その上に厳選したバーバリー・アーモンド1800*g*を手早くのせよく混ぜ込む。
3. しっかりとした固さになったら厚い四角の塊にまとめ、これを木のまな板にのせて十分な刃渡りのよく切れるナイフで切り分ける。
4. 砂糖が多すぎると作業中に結晶化することもあるので、上記の量を少々減らしてよい。

◉アーモンドハードベイク

1. 割ったアーモンドを台の上にのせるか、丸やその他好きな形の枠に入れる。
2. クラック状態まで煮詰めた砂糖を全体に薄くかける。

（上記アーモンドロックのレシピの分量よりも減らす場合は、ブラウンシュガー500*g*、水250*ml*、渋皮をとった丸ごとのアーモンド300*g*）

……………………………………………

◉アメリカ風No.1品質のバニラ・キャラメル

E. スクース『お菓子づくりの達人 第10版 *Skuse's Complete Confectioner, 10th edn*』（ロンドン。1900年頃）より。

砂糖…約2700*g*
スイートクリーム［低温殺菌したサワークリームではないフレッシュクリーム］…約2

リットル
フレッシュバター…約675g
グルコースシロップ…約1800g
バニラエッセンス…適量
オイル…適量

1. 砂糖、グルコースシロップ、スイートクリームを鍋に入れ、弱火にかけてかき混ぜ続ける。
2. ボールの段階になるまで煮詰めたら、フレッシュバターをくわえてかき混ぜ続ける。
3. しっかりと煮詰めたら鍋を火から降ろしてバニラエッセンスで風味づけする。
4. オイルを塗った皿に注ぎ、固まりはじめたらキャラメルカッターで切り目を入れる。
5. 冷めたら切れ味のよいナイフで切り分け、パラフィン紙で1個ずつ包む。

(分量を減らす場合は、砂糖500g、シングルクリーム［脂肪分の少ないクリーム］280*ml*、バター150g、グルコースシロップ280g)

◉ソルトウォーター・タフィーキス

屋台で売る白、ピンク、チョコレートのタフィー。チャールズ・アペル『20世紀のキャンディ・ティーチャー *Twentieth Century Candy Teacher*』(アメリカ、刊行地は不明。1912年)より。

グルコースシロップ…約13.5キロ
砂糖…約9キロ
水…約1リットル
小麦粉…約450g
ニューコーバター［実際にはバターではなく、マーガリンのブランド名］…約450g
クリーマリーバター［クリームと塩で作った無添加バター］…約450g

1. 材料を鍋でクラックの段階まで熱し、バニラ60g弱、塩110g強をくわえてオイルを塗った冷たい台の上に流す。
2. 手であつかえる程度に冷めたら、やわらかい状態の煮詰めた砂糖を機械にかけて、冷たくなるまで何度も引っ張り伸ばす。こうすることで機械からはずして台の上で作業するときにあつかいやすくなる。冷たくなるまでしっかり引いて伸ばしておくほど、小さく切り分け包装するときに形のよいトフィーになる。

(分量を減らす場合は、グルコースシロップ750g、砂糖500g、水100*ml*、小麦粉25g、調理用植物油50g、バニラエッセンス数滴、塩小さじ1程度)

◉婚約パーティーのキャンディ

ロバート・ウェルス『パンとビスケット職人とシュガー・ボイラーの助手 *The Bread and Biscuit Baker's and Sugar Boiler's Assistant*』(ロンドン。1896年)より。

1. 約450gのシュガーローフを小さく砕く。これを300*ml*弱の水とレモン

果汁スプーン2杯を入れた鍋で溶かす。
2. あくを取りボールの段階になるまで煮詰め、しばってまとめたレモンピールをくわえる。砂糖シロップを少しすくって冷水に落として確かめ、それが割れやすい状態になるまで煮詰める。
3. レモンピールを取り出し、鍋の中身をオイルを塗った台の上に流す。全体が同時に冷えるように注意して広げる。
4. これを引き飴にしてこね、適度な大きさに切り分ける。
5. 砂糖のうち少量は赤く着色して別の鍋で煮詰めると、マーブル模様のキャンディができる。赤の砂糖を混ぜるのは切り分ける直前にすること。

…………………………………………

◉糖蜜トフィー

メイ・ホワイト『高級菓子作り *High-class Sweet-making*』(バーケンヘッド。1910年頃)より。

バター…約400*g*
糖蜜…約450*g*
三温糖…約450*g*
水…大型のティーカップに半分
クリームターター[酒石英。気泡を安定させる働きをもつ]…小さじ¼

1. 鍋にバター、糖蜜、三温糖、水を入れて火にかけ、つねにかき混ぜながら溶かす。
2. 沸騰したらクリームターターをくわえてさらに煮立てる。つねにかき混ぜ温度を125℃程度まで上げる。
3. バターを塗った台にバターを塗った棒で囲いを作ってそこに流すか、またはバターを塗った缶のなかに注ぎ、あら熱がとれたら四角に切り分けられるよう切り目を入れる。
4. 冷めたら切り分けパラフィン紙で包む。

…………………………………………

◉ヌガー・モンテリマール

ルイザ・ソープ『ボンボンとシンプルな砂糖菓子 *Bonbons and Simple Sugar Sweets*』(ロンドン。1922年)より。

卵白…8個分
水…約350*ml*
アーモンド(渋皮を取り乾燥させきざむ)…約225*g*
砂糖衣をかけたサクランボ…約110*g*
シュガーローフ…約900*g*
白く固まったハチミツ…約110*g*
ピスタチオ(渋皮を取る)…約110*g*
オレンジフラワーウォーター…少量
クリームターター…少量

1. シュガーローフと水をソースパンに入れて弱火にかける。
2. 1を火にかけて溶かしている間にアーモンド、ピスタチオ、サクランボを小さく切る。
3. オブラートを敷いた板の上に棒を置いて囲いを作る。
4. 白く固まったハチミツをビンに入れて熱湯で30分ほど湯煎《ゆせん》にし、液状に

戻す。

5. 1が煮立ったらクリームターターをくわえてシロップを130℃弱になるまで熱する。
6. 5のシロップが130℃になる前に卵白を銅のボールに入れて、しっかりとツノが立つまで泡立てておく。
7. 泡立てた卵白に5の砂糖シロップを、つねにかき混ぜながら少しずつくわえていく。すべてくわえたらこのボールを熱湯につけてしっかりとかき混ぜる。
8. 5分かき混ぜたら溶かしたハチミツ、きざんだアーモンドとピスタチオ、サクランボをくわえ、最後にオレンジフラワーウォーターを数滴くわえる。
9. すべてをくわえて数分かき混ぜたら、少しだけとって冷水に落としてみる。ヌガーが完成していれば水のなかですぐに固まって、指で簡単にボール状に丸めることができる。
10. ヌガーの状態になっていれば、棒で枠を作った台の上に流してオブラートで覆う。
11. 十分に固まったら切り分ける。

◉ラハト・ロクム

エフェンディ・トゥラビ『トルコ料理の手引書 *A Manual of Turkish Cookery*』(ロンドン。1862年)より。

1. きれいに洗ったシチュー鍋に約1240gのシュガーローフを入れ、水約4.5リットルをくわえて木のスプーンでシュガーローフが溶けるまでかき混ぜる。
2. これを炭火(中火)にかけたらすぐに小麦小粒デンプン約240gを、だまにならないようにかき混ぜながら少しずつくわえる。すべてくわえたら、なめらかになるまで鍋の底からしっかりとかき混ぜる。
3. これを少量取り、数滴を粉砂糖の上に落としてみる。粉砂糖が湿るか粉砂糖を吸うようであればまだ練りが足りない。
4. 粉砂糖が湿ったり粉砂糖を吸ったりすることがなければ、小さな豆粒ほどの少量のムスクを140mℓ程度のローズウォーターに混ぜ、これを2でできたものにくわえ、30秒ほどかき混ぜる。
5. 4を、内側にアーモンドオイルを塗っておいたバットかメッキ鍋に1センチあまりの厚さに流し入れる。
6. 冷めたら幅2.5センチ、長さ5センチほどに切り分け、ふるいにかけた砂糖とその半量の小麦小粒デンプンを混ぜたものをまぶす。

注

第１章　キャンディ、砂糖菓子、それともただのお菓子？

(1) Tim Richardson, *Sweets: A History of Temptation* (London,2002), pp. 53-4.
(2) Henry Weatherley, *A Treatise on the Art of Boiling Sugar* (Philadelphia, PA, 1865), pp. 7-8.
(3) Richardson, *Sweets*, p. 162.
(4) Tsugita Sato, *Sugar in the Social Life of Medieval Islam* (Leiden, 2015), p. 164.
(5) Michael Krondl, *Sweet Invention: A History of Dessert* (Chicago, il, 2011), pp. 255-6.
(6) Gaitri Pagrach-Chandra, *Sugar and Spice: Sweets and Treats from Around the World* (London, 2012), p. 77.
(7) Priscilla Mary Işın, ed., *A King's Confectioner in the Orient: Friedrich Unger, Court Confectioner to King Otto I of Greece* (London, 2003), pp. 27-35.
(8) Anil Kishore Sinha, *Anthropology of Sweetmeats* (New Delhi, 2000), pp. 75-6.
(9) Richard Hosking, *A Dictionary of Japanese Food* (Rutland, VT, 1997), p. 168.［リチャード・ホスキング『外国人のための日本料理事典（和英・英和）』チャールズ・イ・タトル出版、2010 年］
(10) Christian Daniels, 'Biology and Biological Technology: Agro-industries: Sugar Technology', in Joseph Needham, Christian Daniels and Nicholas K. Menzies, Science and Civilisation in China VI, Part III (Cambridge, 1996), pp. 69-77.
(11) Krondl, *Sweet Invention*, p. 6.

第２章　砂糖の魔法

(1) E. Skuse, *Skuse's Complete Confectioner*, 10th edn (London, c. 1900), p. 1.
(2) 詳細は、Harold McGee, *McGee on Food and Cooking* (London, 2004), p. 682 を参照。［ハロルド・マギー『マギーキッチンサイエンス　食材から食卓まで』香西みどり監修・翻訳、北山薫、北山雅彦訳、共立出版、2008 年］
(3) Tsugita Sato, *Sugar in the Social Life of Medieval Islam* (Leiden, 2015), p. 47.
(4) Simon I. Leon, *An Encyclopedia of Candy and Ice-cream Making* (New York, 1959), p.

368.

(5) Tim Richardson, *Sweets: A History of Temptation* (London, 2002), pp. 106-7.

(6) E. Skuse, *Confectioner's Handbook and Practical Guide*, 2nd edn (London, c. 1890), p. 50.

(7) Andrew Dalby, *Dangerous Tastes: The Story of Spices* (London, 2000), p. 27. ［アンドリュー・ドルビー『スパイスの人類史』樋口幸子訳、原書房、2004年］

(8) Christian Daniels, 'Biology and Biological Technology: Agro-industries: Sugar Technology', in Joseph Needham, Christian Daniels and Nicholas K. Menzies, Science and Civilisation in China VI, Part III (Cambridge, 1996), p. 74.

(9) Sir Hugh Plat, *Delightes for Ladies, with an introduction by G. E. Fussell and Kathleen Rosemary Fussell* (London, 1948), p. 38.

(10) Skuse, *Confectioner's Handbook and Practical* Guide, 2nd edn, p. 50.

(11) Henry Weatherley, *A Treatise on the Art of Boiling Sugar* (Philadelphia, PA, 1865), p. 42.

(12) Keith Stavely and Kathleen Fitzgerald, 'Fudge', in *The Oxford Companion to Sugar and Sweets, ed. Darra Goldstein* (Oxford, 2015), p. 287.

(13) Leon, *An Encyclopedia of Candy and Ice-cream Making*, p. 214.

(14) Gaitri Pagrach-Chandra, *Sugar and Spice: Sweets and Treats from Around the World* (London, 2012), p. 107.

(15) 'praline'（名詞）の項より。 www.oed.com.

(16) Helen Nearing and Scott Nearing, *The Maple Sugar Book* (New York, 1970), pp. 22-7.

(17) Weatherley, *A Treatise on the Art of Boiling Sugar*, p.7.

(18) 同上 , p. 6.

(19) Skuse, *Skuse's Complete Confectioner*, p. 1.

(20) Wendy A. Woloson, *Refined Tastes: Sugar, Confectionery and Consumers in Nineteenth-century America* (Baltimore, MD, 2002), p. 34.

(21) McGee, *McGee on Food and Cooking*, p. 690. ［『マギーキッチンサイエンス　食材から食卓まで』］

(22) Laura Mason, *Sugar Plums and Sherbet* (Totnes, 1998), p. 83.

(23) Sato, *Sugar in the Social Life of Medieval Islam*, p. 164.

(24) Knut Boeser, ed., *The Elixirs of Nostradamus* (London, 1995),pp. 150-53.［クヌート・ベーザー編『ノストラダムスの万能薬』明石三世訳、八坂書房、1999年］

(25) 'How is Rock Candy Made?', www.attractionsblackpool.co.uk/Blackpool_Rock.

htm, 2016 年 11 月 17 日アクセス。
(26) Henry Mayhew, *London Labour and the London Poor* (London, 1864), p. 216; Weatherley, A Treatise on the Art of Boiling Sugar, p. 32.
(27) Priscilla Mary Işın, ed., A King's Confectioner in the Orient: Friedrich Unger, Court Confectioner to King Otto I of Greece (London, 2003), p. 99.
(28) Mary Işın, *Sherbet and Spice* (London, 2013), pp. 137-8.
(29) Christian Daniels, 'Biology and Biological Technology', p. 78.
(30) Beth Kracklauer, 'Toffee', in *The Oxford Companion to Sugar and Sweets, ed. Darra Goldstein* (Oxford, 2015), pp. 727-8.
(31) Weatherley, *A Treatise on the Art of Boiling Sugar*, pp. 7-8.
(32) Skuse, *Confectioner's Handbook and Practical Guide*, p. 37.
(33) Richardson Sweets, p. 35 より引用。
(34) Skuse, *Skuse's Complete Confectioner*, p. 67.
(35) Wikipedia 世界の 'list of chocolate bar brands'（「チョコレートバーのブランドのリスト」）［フィリングの詳細解説もあり］のページ
(36) Pagrach-Chandra, *Sugar and Spice*, p. 43.

第３章　スパイスとすてきなものすべて

(1) Simon I. Leon, *An Encyclopedia of Candy and Ice-cream Making* (New York, 1959), p. 47.
(2) Sally Butcher, *Persia in Peckham: Recipes from Persepolis* (Totnes, 2012), p.304.
(3) Christian Daniels, 'Biology and Biological Technology: Agro-industries: Sugar Technology', in Joseph Needham,Christian Daniels and Nicholas K. Menzies, Science and Civilisation in China VI Part III (Cambridge, 1996), p. 78.
(4) E. Skuse, *Skuse's Complete Confectioner*, 10th edn (London, c. 1900), p. 62.
(5) Jane Levi, 'Nougat', in *The Oxford Companion to Sugar and Sweets*, ed. Darra Goldstein (Oxford, 2015), p. 486.
(6) Mary Işın, *Sherbet and Spice* (London, 2013), pp. 127-8.
(7) 同上 , p. 127.
(8) Knut Boeser, ed., *The Elixirs of Nostradamus* (London, 1995), p. 149 .［『ノストラダムスの万能薬』］
(9) Tim Richardson, *Sweets: A History of Temptation* (London, 2002), p. 133 .
(10) Daniels, 'Biology and Biological Technology', p. 69.

(11) E. Skuse, *Confectioner's Handbook and Practical Guide*, 2nd edn (London, c. 1890), p. 64.

(12) Richard Hosking, *A Dictionary of Japanese Food* (Rutland, VT, 1997), p. 84.［『外国人のための日本料理事典』］

(13) Henry Weatherley, *A Treatise on the Art of Boiling Sugar* (Philadelphia, PA, 1865), p. 110.

(14) Skuse, *Confectioner's Handbook and Practical Guide*, p. 64.

(15) www.tictacuk.com 参照、2016 年 11 月 13 日アクセス。

(16) Joel Glen Brenner, 'M&M's', in *The Oxford Companion to Sugar and Sweets*, p. 415.

(17) Priscilla Mary Işın, ed., *A King's Confectioner in the Orient: Friedrich Unger, Court Confectioner to King Otto I of Greece* (London, 2003), p. 22.

(18) Elizabeth David, *Italian Food* (London, 1987), p. 198.

(19) J. Haldar, *Bengal Sweets* (Calcutta, 1948), pp. 162-3; Boeser, The Elixirs of Nostradamus, p. 91.

(20) Daniels, 'Biology and Biological Technology', pp. 80-81.

(21) Rachel Laudan, 'Dulche de Leche', in *The Oxford Companion to Sugar and Sweets*, p. 230.

(22) Doreen Fernandez, *Tikim: Essays on Philippine Food and Culture* (Manila, 1994), p.97.

(23) Colleen Taylor-Sen, 'India', in *The Oxford Companion to Sugar and Sweets*, p. 357.

(24) Yamuna Devi, *Lord Krishna's Cuisine: The Art of Indian Vegetarian Cooking* (London, 1990), p. 628.

(25) 同上 , p. 592.

(26) Haldar, *Bengal Sweets*, p. 73.

(27) Colleen Taylor-Sen, 'The Portuguese Influence on Bengali Cuisine', in *Food on the Move: Proceedings of the Oxford Symposium on Food and Cookery*, ed. Harlan Walker (Totnes, 1996), p. 292.

(28) Haldar, *Bengal Sweets*, p. 131 .

(29) Chitrita Banerji, *Life and Food in Bengal* (London, 1991), p. 132.

(30) Su-Mei Yu, 'Thai Egg-based Sweets: The Legend of Thao Thong Keap-Ma', in *Gastronomica: The Journal of Food and Culture*, III/3 (2003), pp. 54-9.

(31) Gaitri Pagrach-Chandra, *Sugar and Spice: Sweets and Treats from Around the World* (London, 2012), p. 67.

第４章　特徴のある砂糖菓子

(1) Michael Krondl, *Sweet Invention: A History of Dessert* (Chicago, IL, 2011), p. 139 .
(2) Ivan Day, Royal *Sugar Sculpture: 600 Years of Splendour* (Bowes, 2002), p. 23.
(3) Richard Hosking, *A Dictionary of Japanese Food* (Rutland, VT, 1997), pp. 234-5.［『外国人のための日本料理事典』］
(4) Mary Işın, *Sherbet and Spice* (London, 2013), p. 81.
(5) Gaitri Pagrach-Chandra, *Sugar and Spice: Sweets and Treats from Around the World* (London, 2012), p. 8.
(6) E. Skuse, *Skuse's Complete Confectioner*, 10th edn (London,c. 1900), p. 67.
(7) Compton MacKenzie, *Echoes* (London, 1954), p. 60.
(8) E. Skuse, *Confectioner's Handbook and Practical Guide*, 3rd edn (London, c. 1892), pp. 53-4.
(9) Simon I. Leon, *An Encyclo of Candy and Ice-cream Making* (New York, 1959), p.409.
(10) www.magiccandyfactory.com を参照、2016 年 5 月 9 日アクセス。
(11) Mary Işın, *Sherbet and Spice*, p. 161.
(12) Harley Spiller, 'Chewing Gum', in *The Oxford Companion to Sugar and Sweets*, ed. Darra Goldstein (Oxford, 2015), p. 128.
(13) 同上 , p. 130.
(14) Robert Hendrickson, *The Great American Chewing Gum Book* (Radnor, PA, 1976), pp. 83-4.

第５章　砂糖菓子の製造業者と消費者

(1) John Gerarde, *The Herball or Generall Historie of Plants* (London, 1597), p. 34.
(2) May Whyte, *High-class Sweetmaking* (Birkenhead, c. 1910), p. vii.
(3) Samira Kawash, *Candy: A Century of Panic and Pleasure* (New York, 2013), p. 135.
(4) Robert Campbell, *The London Tradesman* (London, 1747), p. 278.
(5) Leatherhead Food Research Association, *The Confectionery Market: A Global Analysis* (London, 2002), p. 8.
(6) Carla Zanetos Scully, 'The 2013 Top 100 Candy Companies in the World', www.candyindustry.com, 2013 年 2 月 11 日。
(7) Ralph Rylance, *The Epicure's Almanack; or, Guide to Good Living* (London, 1815), p. 103.

(8) 作者不詳 , *A Closet for Ladies and Gentlewomen* (London, 1608), p. 39.
(9) Wendy A. Woloson, *Refined Tastes: Sugar, Confectionery and Consumers in Nineteenth-century America* (Baltimore, MD, 2002), p. 44.
(10) Kawash, Candy, p. 38.
(11) Nicholas Whittaker, *Sweet Talk: The Secret History of Confectionery* (London, 1998), pp. 10-11.
(12) Toni Risson, 'A Pocket of Change in Post-war Australia: Confectionery and the End of Childhood', in *Pockets of Change: Adaption and Cultural Transition*, ed. Tricia Hopton,Adam Atkinson, Jane Stadler and Peta Mitchell (Lanham, MD, 2011), p.114
(13) Anil Kishore Sinha, *Anthropology of Sweetmeats* (New Delhi,2000), p. 193 .
(14) Leatherhead Food Research Association, *The Confectionery Market,* p. 10.
(15) 同上 , p. 15.
(16) Alice G. Walton, 'How Much Sugar are Americans Eating?', *Forbes Magazin*e, www.forbes.com, 2012 年 8 月 30 日。
(17) John Burnett, *Plenty and Want* (London, 1983), p. 341 .
(18) Quoted in C. Anne Wilson, *Food and Drink in Britain* (London, 1991), p. 300.
(19) Robert Lustig, Fat Chance: *The Hidden Truth About Sugar, Obesity and Disease* (London, 2013), p. 118.
(20) WHO Guideline, *Sugars Intake for Adults and Children (*Geneva, 2015), p. 4.

第６章　砂糖菓子と祝祭

(1) Jennifer Stead, 'Bowers of Bliss', in *Banquetting Stuffe: The Fare and Social Background of the Tudor and Stuart Banquet*, ed. C. Anne Wilson (Edinburgh, 1991), pp. 146-7.
(2) François Massialot, *The Court and Country Cook* (London, 1702), p. 125.
(3) Samira Kawash, *Candy: A Century of Panic and Pleasure* (New York, 2013), p. 269.
(4) F. P. Wilson, ed., *The Batchelars Banquet* (Oxford, 1929), p. 21.
(5) William Gunter, *Gunter's Confectioner's Oracle* (London, 1830), pp. 60-61.
(6) Sir Hugh Plat, *Delightes for Ladies, with an introduction* by G. E. Fussell and Kathleen Rosemary Fussell (London, 1948), p. 28.
(7) Ivan Day, 'Bridecup and Cake: The Ceremonial Food and Drink of the Wedding Procession', in *Food and the Rites of Passage*, ed. Laura Mason (Totnes, 2002).
(8) Gaitri Pagrach-Chandra, *Sugar and Spice: Sweets and Treats from Around the World*

(London, 2012), p.113.
(9) Ivan Day, *Royal Sugar Sculpture: 600 Years of Splendour* (Bowes,2002).
(10) Nancy Fasholt, *Clear Toy Candy* (Mechanicsburg, PA, 2010), p. 13.
(11) Pagrach-Chandra, *Sugar and Spice*, p. 60.
(12) C. F. Leyel and Olga Hartley, *The Gentle Art of Cookery* (London, 1929), p. 331.
(13) Helen Saberi, *Noshe Djan: Afghan Food and Cookery* (London, 2000), p. 243.
(14) George Borrow, *The Zincali, or An Account of the Gypsies of Spain* (London, 1893) pp. 190-191.
(15) Su-Mei Yu, 'Thai Egg-based Sweets: The Legend of Thao Thong Keap-Ma', in *Gastronomica: The Journal of Food and Culture*, III/3 (2003), pp. 54-9.
(16) Michael Krondl, *Sweet Invention: A History of Dessert* (Chicago, Il, 2011), p. 16.
(17) Anil Kishore Sinha, *Anthropology of Sweetmeats* (New Delhi, 2000), p. 100.
(18) Madhur Jaffrey, *Madhur Jaffrey's Indian Cookery* (London, 1982), p. 7.
(19) Christian Daniels, 'Biology and Biological Technology:Agro-industries: Sugar Technology', in Joseph Needham,Christian Daniels and Nicholas K. Menzies, *Science and Civilisation in China vi, Part III* (Cambridge, 1996), p. 72.
(20) Carol Stepanchuk and Charles Wong, *Mooncakes and Hungry Ghosts* (San Francisco, CA, 1991), p. 7.

ローラ・メイソン（Laura Mason）
食物史家およびフードライター。イギリスの食文化に深い関心を寄せ、『オックスフォード砂糖と砂糖菓子の事典 *The Oxford Companion to Sugar and Sweets*』（2015）をはじめ，さまざまな刊行物に寄稿している。著書に『シュガープラムとシャーベット *Sugar-Plums and Sherbet*』（2003），『イギリスの食文化 *Food Culture in Great Britain*』（2004），『松の木 *Pine*』（2013）などがある。イギリスのナショナル・トラストが刊行するレシピ本シリーズも複数冊担当している。イングランドのヨーク在住。

龍和子（りゅう・かずこ）
北九州市立大学外国語学部卒。訳書に，ピート・ブラウン／ビル・ブラッドショー『世界のシードル図鑑』，「食」の図書館シリーズでは、レニー・マートン『コメの歴史』，カオリ・オコナー『海藻の歴史』，キャシー・ハント『ニシンの歴史』（以上原書房）などがある。

お菓子《かし》の図書館《としょかん》

キャンディと砂糖菓子《さとうがし》の歴史物語《れきしものがたり》

●

2018年7月24日　第1刷

著者……………ローラ・メイソン
訳者……………龍《りゅう》 和子《かずこ》
装幀……………佐々木正見
発行者……………成瀬雅人
発行所……………株式会社原書房

〒160-0022 東京都新宿区新宿 1-25-13
電話・代表 03(3354)0685
振替・00150-6-151594
http://www.harashobo.co.jp

印刷……………シナノ印刷株式会社
製本……………東京美術紙工協業組合

ISBN 978-4-562-05587-6, Printed in Japan